W0109985

Bernd Schiller
Lesereise Sri Lanka

Bernd Schiller

Lesereise Sri Lanka

Am Teich der roten Lotusblüten

Picus Verlag Wien

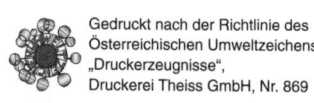

Gedruckt nach der Richtlinie des
Österreichischen Umweltzeichens
„Druckerzeugnisse",
Druckerei Theiss GmbH, Nr. 869

MIX
Papier aus verantwor-
tungsvollen Quellen
FSC® C012536

Grafische Gestaltung: Dorothea Löcker, Wien
Umschlagabbildung: © Dinodia / www.buenosdias.at
Druck und Verarbeitung:
Druckerei Theiss GmbH., St. Stefan im Lavanttal
ISBN 978-3-7117-1006-2

Informationen über das aktuelle Programm
des Picus Verlags und Veranstaltungen unter
www.picus.at

Inhalt

»Your morning tea, Sir ...«

Wie an der Ostküste ein neuer Tag beginnt

Zuerst melden sich die Krähen. Sie sind überall am frühen Morgen und am späten Nachmittag so gegenwärtig wie nebenan im großen Indien. Hier wie dort könnte ihr heiseres Krächzen als eigentlicher Symbolklang gelten, nicht die Trommeln der Tänzer aus der ehemaligen Königsstadt Kandy, nicht die sanften Töne der *Sitar*-Musik in Kerala oder Maharashtra. Es ist halb sechs und noch tiefe Nacht. Längst machen die Hähne den Krähen Konkurrenz. Frösche beginnen ihr Konzert. Hunde bellen, ein Pfau schreit sein hässliches Lied in die Frühe; wieso gelten diese schönen, aber völlig unmusikalischen Vögel eigentlich als Gefährten aller Liebenden?

Langsam schälen sich die Konturen der Palmen aus einem Himmel, der jetzt, eine halbe Stunde später, milchig hell geworden ist. Ein kratzendes Geräusch lässt mich in den Garten starren. Yogananthan, der Mann für alles in diesem kleinen Resort, fegt Blätter und Frangipaniblüten zusammen. Yoga, wie er genannt wird, ist Tamile, gehört also der Minderheit an, die fast ein Fünftel der Bevölkerung Sri Lankas ausmacht. Er ist ein gebrochener Mann, altersmäßig schwer zu schätzen, vielleicht ist er sechzig, vielleicht erst vierzig Jahre alt.

Ich sitze auf einem Balkon, eingerahmt von Palmen und Frangipanibäumen, irgendwo an der Ostküste. Von 1983 bis 2005 haben sie hier und im Norden der Insel immer blutiger, immer unberechenbarer gekämpft: die Rebellen der tamilischen Terrorgruppe, die sich »Tiger« nennen und mit unglaublichem Fanatismus für einen separaten Nordoststaat Tamil Eelam fochten. Auf der anderen Seite, kaum weniger brutal, verteidigte die Armee, Singhalesen zumeist, die Macht des Einheitsstaats. Etwa achtzigtausend Menschen sind diesem Bürgerkrieg zum Opfer gefallen, Männer, Frauen und viele Kinder. Drei davon waren Söhne des Gärtners Yoga. Nur Fotos von schlechter Qualität sind ihm, dem frommen Hindu, geblieben und die Hoffnung, dass Kumar, Pram und Ramesh, die bei ihrem Tod alle unter zwanzig waren, irgendwann in ein besseres Leben, in ein friedlicheres Zeitalter wiedergeboren werden.

Halb sieben. Die Bühne wird ausgeleuchtet: Hinter dem Strand, über dem Meer, türmen sich Wolken zu wattegrauen Gebirgen. Ein Himmel in mildem Rosa wölbt sich über einer Szenerie, die von Minute zu Minute wechselt. Noch heben sich die Büschel der Kitul- und Kokospalmen nur im Scherenschnitt ab. Am Horizont, der einen Augenblick später sichtbar wird, nähern sich Boote dem Strand, eine Armada schmaler, schneller Fischerboote. Die Krähen sind ruhiger geworden; die meisten von ihnen warten wohl am Ende der Bucht auf die Männer, die ihren Fang gleich auf den Strand werfen werden. Lastwagen und die Zweitaktmotoren der Dreiradautos sind im Hintergrund zu hören. Das werden die Aufkäufer sein, die Großhändler und die Köche der kleinen *resthouses*, die die Rucksackreisenden so lieben. Die meisten Fischer, Moslems übrigens, die sich die Küste im Osten mit wenigen buddhistischen Singhalesen und vielen Tamilen teilen, haben sich einen Yamaha-Motor auf Pump gekauft. Ihr Prinzip heißt Hoffnung, ein Motto, das sich fast überall auf der Insel vor die dunkel gefärbte Erinnerung schiebt.

Zehn Minuten vor sieben: Die Wolken, eben noch zartrosa, tragen plötzlich rote Streifen und rote Tupfer. Die Frangipaniblätter vor dem Balkon beginnen zu glänzen, auch die Palmwedel, die auf einmal nicht mehr schlaff aussehen. Kurz darauf schiebt sich der Sonnenball aus dem Meer. Die Farben der Boote lassen sich nun erkennen: Hellblau und Hellgrün herrschen vor. Auch ein paar braune Auslegerboote sind dabei, wie sie seit Jahrhunderten von hier zu den Fischgründen und bis auf die Malediven gesegelt sind. Das Wort *Katamaran* stammt aus dem alten Ceylon. Es wird wohl das einzige sein, das aus der tamilischen Sprache in die Welt exportiert wurde.

Der Tag in den Tropen bricht rascher an als in den gemäßigten Breiten. Die Sonne wärmt auch viel schneller. Um sieben hängt sie bereits einen Fingerbreit über dem Horizont, schon zehn Minuten später suchen die Hunde nach schattigen Plätzen. Am Strand ziehen die ersten Surfer dieses Tages mit ihren Brettern den Wellen entgegen. Es sind vor allem Australier, braun gebrannte Beach-Helden, die alle wirken, als wären sie auf dem Weg zum Casting für eine Vorabendserie. Wenn es bei ihnen zu Hause kühl und regnerisch wird, im Juni oder Juli, beginnt an der Ostküste von Sri Lanka die Saison: sonnig, trocken, aber nicht windstill.

Bunte Vögel singen jetzt in den Palmwipfeln, andere picken lautstark an den Früchten im Garten herum. Die Krähen haben sich endgültig zu den Fischern verzogen und die Frösche sind verstummt. Libellen surren durch die samtwarme Luft, ein paar Affen toben übers Ziegeldach vom Nachbarn. Es klopft an der Tür. Yoga steht im Flur. Auf einem Tablett aus Bambusholz balanciert er eine dampfende Kanne, eine Tasse, den Zuckertopf und das Milchkännchen. Er ist barfuß und hat einen frischen *sarong* um die Hüften geschlungen. Schüchtern lächelnd wünscht er einen guten Morgen: »Your early morning tea, Sir …«

Eine Perle, eine Träne

Paradies mit neuen Konturen

Wie eine Perle, so wirkt es auf der Landkarte, hängt die Insel, die so lange als Ceylon berühmt war, am »Ohr« des indischen Subkontinents. Vielleicht auch wie eine Mangofrucht.

Oder doch eher wie eine Träne?

Die alten Inder, die Perser, die Griechen, die Römer, sie alle haben ihr Namen wie duftende Blumenketten umgehängt: »Taprobane, das kupferfarbene Land«, »Teich der roten Lotusblüten«, »Land der Hyazinthen und Rubine« ... Und bedeutet nicht Sri Lanka, der historische und längst wieder gültige Name der Juweleninsel, frei und etwas üppig übersetzt, »das strahlend schöne, das königlich leuchtende Land«?

Ibn Battuta, ein arabischer Globetrotter des 14. Jahrhunderts, etwa um die gleiche Zeit wie Marco Polo, bis heute wohl der berühmteste Asienreisende, Sindbad, der legendäre Seefahrer aus Tausendundeiner Nacht, vor gut hundert Jahren dann Hermann Hesse, der Dichter des »Siddharta«, und noch zwei, drei Generationen weiter die Touristen unserer Tage – sie alle haben so unermüdlich wie unerreichbar das Paradies auf dieser Insel im Indischen Ozean gesucht, die etwas kleiner ist als Bayern oder Irland – und die doch die ganze Fülle tropischer Sehnsüchte birgt.

Sri Lanka liegt knapp oberhalb des Äquators,

zwischen neunundsiebzig Grad dreiundvierzig Minuten und einundachtzig Grad zweiundfünfzig Minuten östlicher Länge und zwischen fünf Grad fünfundfünfzig Minuten und neun Grad einundfünfzig Minuten nördlicher Breite. Monsunwinde prägen ihr Klima, Jahreszeiten gibt es nicht, nur regenarme Monate (im Südwesten zwischen November und März, an der Ostküste in der Zeit des europäischen Sommers) und solche, in denen es jeden Tag, aber meistens nur stundenweise, heftig schüttet.

Hinter dem Palmenstrand liegt ein Land voller Überraschungen: grüne Hügel und ein Teeteppich rund um die alte Königsstadt Kandy, das heiße Herz des antiken Lanka, aus dem die weißen Reliquienschreine, *dagobas* genannt, der heiligen Städte Anuradhapura und Polonnaruwa leuchten, Rhododendronwälder in den nebligen Wanderrevieren bei Nuwara Eliya, der Stadt in den Wolken, Regenwaldreservate im Süden, Savannen im Yala-Nationalpark, durch den Elefanten und Leoparden streifen, Lagunen und Traumstrände im Osten, an denen die Hotelkonzerne längst ihre Claims abgesteckt haben.

Im Mai 2009 ging der blutige Kampf zwischen der singhalesischen Armee und den Rebellen der tamilischen Minderheit offiziell mit dem Sieg der Staatsmacht zu Ende, nach fünfundzwanzig Jahren. Die Wurzeln dieser Auseinandersetzung aber reichen tief in die Vergangenheit zurück. Die buddhistischen Singhalesen, die ursprünglich aus Nordindien stammen und deren Sprache zur indoarischen Familie gehört, sehen sich als Staatsvolk, als Herren der Insel. Sie weisen gern darauf hin, dass sie seit 483 vor unserer Zeitrechnung immer wieder die Könige von Lanka gestellt haben, hundertachtzig insgesamt. Aber Legende und geschriebene Geschichte haben sich oft vermischt, so wie sich auch tamilische Einwanderer, also drawidisch sprechende Südinder, immer wieder mit Singhalesen vermischt haben. Auf dem Thron singhalesischer Königreiche saßen viel häufiger Tamilen, als die so oft nationalistisch geprägte singhalesische Sichtweise dies wahrhaben mochte.

Und als ob die Insel in den Jahren zuvor nicht schon genug geplagt gewesen wäre, erschütterte am zweiten Weihnachtstag 2004 ein Seebeben fast alle Küsten des Indischen Ozeans. Sri Lanka traf es besonders heftig. Mehr als dreißigtausend Menschen starben in der Flutwelle, Hunderttausende verloren ihr Dach über dem Kopf, ihre Lebensgrundlage – aber nicht ihre Hoffnung. Kaum war die Dimension des Schreckens erkannt, lief weltweit Unterstützung an. Und nach der Linderung der ersten Not folgte »nachhaltige« Hilfe, in großem Umfang auch aus Deutschland, Österreich und der Schweiz. Investitionen in Bildung und Existenzsicherung begannen nach zwei, drei Jahren Früchte zu tragen. Auch im Tourismus änderte sich die Zielrichtung. Anders als vor dem Tsunami setzten die Verantwortlichen inner- und außerhalb des Landes nicht mehr ausschließlich auf Strand und Palmen, sondern auch auf Kultur, Natur und Aktivurlaub.

Schon lange vor den ersten Pauschaltouristen haben Deutsche diese Insel besucht. Sie kamen als Söldner in holländischen Kolonialdiensten, sie waren Naturforscher, Hoteliers, Kaufleute und Tierfänger, sie ließen sich als frühe Aussteiger, als Missionare und als verehrte Jünger des Erleuchteten am Teich der roten Lotusblüten nieder.

Hinweise auf die Pracht der Edelsteine, auf die üppige Natur, auch auf »Heyderei und Götzendienst«, finden sich in vielen alten Reisebüchern. Erst mit so berühmt gewordenen Naturforschern wie Ernst Haeckel oder so bekannten Indologen wie Wilhelm Geiger wurden die Berichte genauer, aber nicht weniger schwärmerisch. So beschreibt etwa Wilhelm Geiger einen Bungalow der Familie Boehringer, die hier um die vorige Jahrhundertwende ein deutsches Handelshaus betrieb:

»Aus dem Dining-room führen drei Ausgänge, die nachts durch Thüren und vorgelegte Balken verschlossen wurden, auf die Veranda. ... (dort) stehen auch die bequemen Longchairs, auf denen wir so manchesmal nach dem Dinner plaudernd oder träumend ruhten und die herrliche Luft der Tropennacht genossen. Der Wind rauschte dazu in den Kronen der Palmen, und das Mondlicht zeichnete die phantastischen Schatten ihrer Blätter auf den Boden ...«

Der Dichter und spätere Nobelpreisträger Hermann Hesse rief 1911, beim ersten Anlegen seines Dampfers im Hafen von Colombo: »Wahrlich, dieses ist das Paradies ...« Hier und in Indien ließ er sich zu seinem buddhistischen Märchen »Siddharta« anregen. Er bewunderte zwar die Engländer vor Ort (»geniale Kolonisatoren«), verachtete sie aber auch, »weil sie reich sind ... es macht ihnen ein Hauptvergnügen, dem Untergang der von ihnen erdrückten Völker zuzuschauen ...«

Andere ließen sich von der Politik gar nicht erst ablenken. Anton Gueth, Musiker aus Wiesbaden, kam im selben Jahr wie Hermann Hesse nach Ceylon. Da war er bereits ein (in Burma) ordinierter Mönch, der erste Deutsche im Theravada-Buddhismus. Als Bhikkhu Nyanatiloka gründete er das Inselkloster Polgasduwa, das über Jahrzehnte die Zuflucht zahlreicher westlicher Mönche wurde. Als Nyanatiloka 1957 in Colombo starb, trauerte das ganze Land um ihn.

Die Insel ist zu einem Alltag ohne Krieg zurückgekehrt, einem schwierigen Alltag voller vielversprechender Perspektiven. Die Wirtschaft boomt, und die Touristen genießen wieder das Strandleben, die zahlreichen *Ayurveda*-Angebote, die kulturellen Höhepunkte, das Tee-Hochland, die neuen Boutique-Hotels. Sri Lanka lächelt wieder – aber die Suche nach dem alten Ceylon ist mühsamer geworden.

Colombo häutet sich, immer mehr Hochhäuser schieben sich vor die alten Kolonialbauten. Andere Relikte aus britischer Zeit – Doppeldecker-Busse, Kaufhäuser, in denen schon die *Sahibs* und danach die ceylonesische Elite eingekauft haben – sind längst verschwunden. Supermärkte und Shoppingmalls lassen sogar die Märkte schrumpfen und verändern die Einkaufsgewohnheiten, weil auch in den großen Städten Sri Lankas die Frauen der neuen Mittelschicht immer weniger Zeit zum aufwendigen Kochen nach Art ihrer Mütter und Großmütter haben. Noch trauriger stimmt es Reisende auf der Suche nach der verlorenen Zeit, dass auch der Charme der alten Kolonialhotels vom Stil eines Galle Face auf der Strecke bleibt, dafür aber, jedenfalls in Colombo, austauschbare Kettenhotels für Geschäftsleute wie Pilze aus dem Boden schießen.

Nach dem Papstbesuch und dem Regierungswechsel im Januar 2015 scheint sich auch ein neuer, liberalerer Politikstil durchzusetzen. Anders als sein autokratischer Vorgänger Mahinda Rajapaksa, der das Land in Erbhöfe für seine Verwandten und Freunde aufgeteilt und einen strikt singhalesisch-chauvinistischen Kurs verfolgt hatte, will Präsident Maithripala Sirisena offenbar die Versöhnung mit den so lange unterdrückten und verfolgten Tamilen vorantreiben und sich auch wieder dem Westen annähern.

Noch wird es lange dauern, bis Kriegsverbrecher vor Gericht gestellt werden und die Rückführung der Tamilen aus noch immer überfüllten Flüchtlingslagern in ihre zerstörten Dörfer im Norden abgeschlossen sein wird. Aber es gibt Signale der Hoffnung. So wurde erstmals seit 1991 wieder ein Tamile zum Obersten Richter ernannt. Und Hilfsorganisationen wie dem Sri Lanka Verein aus Hamburg wird es nicht mehr so schwer gemacht, mit ihren Projekten und Ideen auch Tamilen zu unterstützen.

Der Verein, der sich nach dem Tsunami-Elend gegründet und über lange Zeit vor allem verarmten Frauen den Aufbau einer neuen Existenz ermöglicht hatte, kann jetzt zum Beispiel tamilischen Waisenhäusern helfen, Fahrräder für Schüler kaufen, die einen besonders weiten Schulweg haben, oder für ein Blindenheim eine Hühnerfarm zur Selbstversorgung aufbauen.

Vor zweihundert Jahren ließ der britische Romancier Horace Walpole in einer seiner Novellen einige Seefahrer auf dem Wege nach Ostindien glücklich auf dem Eiland Serendib landen; auch dieser Name gehört zu den alten Bezeichnungen für Ceylon, Sri Lanka, für die Perle der Welt. Seither kennt die englische Sprache den Begriff »serendipity«. Gemeint ist damit das unverhoffte Glück, das Menschen manchmal zufällt. Eine Reise quer über die Insel der schönen Namen mag man leicht unter diesen Begriff stellen. Und noch immer – oder besser: wieder – lässt sich am Teich der roten Lotusblüten wunderbar und guten Gewissens vom Paradies träumen.

Von Holzköpfen und Hochhäusern

Colombo auf dem Weg ins Morgen

An der Central Road, einer Einfallstraße von Norden her, stauen sich an jedem Morgen schwere Lastwagen mit hohen hölzernen Aufbauten, Fahrerkabinen ohne Tür, Dutzenden silberglänzenden Lampen und Signalhörnern. Fässer werden entladen, Unmengen Blechkoffer und sogar Baumstämme. Männer mit Kopftuch, denen der Schweiß vom nackten Oberkörper in ihr Hüfttuch läuft, schleppen Säcke mit Zement, Reis und Mehl in die Lagerhäuser. Nach links geht es ins alte tamilische Händlerviertel Kotahena. An dieser Abzweigung bietet ein Messerschleifer unter einem staubigen, blattlosen Baum seine Dienste an.

Bilder aus dem altes Ceylon, nach wie vor aktuell. Über dem Galle Face Green, dem beliebtesten Wochenendplatz für Familien, Flaneure und Liebespaare, ragen Kranmonster auf, wo sich bislang nur Kinderdrachen in der lauen Meeresbrise wiegten. Megaprojekte entstehen neben dem ehemaligen Verteidigungsministerium, einem düsteren Kolonialklotz. Jede Woche jagt die Presse ein neues Gerücht durch die Boomtown, was denn dort nun eigentlich entstehen soll. Es wird wohl in Richtung Business gehen, wie alles, was derzeit in die Höhe schießt und in die Breite geht in der alten Haupt- und Hafenstadt.

Szenen aus dem neuen Sri Lanka. Ob sie auch

morgen oder übermorgen noch aktuell sind, wer weiß das schon.

Alte Werte? Traditionen? Der Charme einer vergangenen Epoche? Kulturelles Erbe aus der britischen Epoche, die immerhin hundertdreiunddreißig Jahre dauerte und auch noch Jahrzehnte nach der 1948 erlangten Unabhängigkeit die Insel und vor allem das Stadtbild von Colombo geprägt hat.

Nostalgie war gestern. Heute geht es um den Anschluss an die prosperierenden Nachbarländer mit ihren rasant wachsenden Metropolen.

Demnächst werden in Colombo alle üblichen Verdächtigen unter den Hotelketten vertreten sein, mit mehr oder weniger gesichtslosen Häusern, wie sie vielerorts in Südostasien den Aufschwung markieren: Hyatt, Mövenpick … aus dem alten Interconti, dem ersten Hotelklotz der Stadt, ist das Kingsbury geworden, der einheimische Konzern John Keells – Supermärkte, Textilfabriken, Tourismus – plant auf der Sklaveninsel im grünen Herzen der Stadt eine ganze Hotelcity mit allem, was sonst noch Erfolg verspricht, Fitness- und Event-Center, Shoppingmalls und anderes.

Als Megaprojekt war auch eine neue, spektakuläre Hafencity vor dem Kingsbury gedacht, die, wie fast alle Großbauvorhaben auf der Insel in der Ära Rajapaksa, mit chinesischem Geld geplant und teilweise auch durchgezogen wurde. Zum Beispiel die Anbindung des Bandaranaike International Airport an Colombo. Sie endet derzeit dort, wo sich seit eh und je die Lastwagen, Busse und Dreirad-Taxis bei der Einfahrt in die City stauen. Die sehnsüchtig erwartete Umgehungsstraße, der Anschluss an den

Highway nach Süden, der wirklich für Zeitersparnis auf dem Wege nach Galle, Matara und Hambantota sorgen würde, teilt derzeit noch das Schicksal des Berliner Flughafens, genauso wie der zweite internationale Airport bei Hambantota.

Die wachsende Mittelschicht in Colombo, anders als die kleine intellektuelle Elite, freut sich über die neue schöne Welt. Man setzt sich nur zu gern an die Poolbar im sechsundzwanzigsten Stock des neuen Hotels Cinnamon Red und staunt über die Kulisse der vielen Hochhäuser, die wie Zeigefinger in die Zukunft der eben noch so verschlafen wirkenden Hauptstadt deuten.

Und der Reisende auf der Suche nach den Relikten der Vergangenheit, zum Beispiel aus der holländischen Kolonialzeit? Er hat immer noch Chancen, muss nur ein wenig suchen, bummeln gehen, zum Beispiel vom muslimisch geprägten Basarviertel Pettah, in dem der alte Orient mit seinen Farben, Düften und Geräuschen lebt, ein paar Gassen weiter, ins eingangs erwähnte tamilisch geprägte Viertel Kotahena. Dort hat die neue Zeit noch nicht zugeschlagen.

Die Wolvendaal-Straße steigt leicht an, auf die gleichnamige Kirche zu. Es ist ein wuchtiges Gotteshaus mit einem Stummelturm. Eine Tafel am Eingang weist auf die Sonntagspredigten hin, um acht Uhr in tamilischer, um halb zehn in englischer Sprache. Die Engländer schrieben Straße und Kirche etwas anders als ihre niederländischen Kolonialvorgänger, nämlich Wolfendahl. Gebaut wurde der bedeutendste Treffpunkt der Reformierten Christen von Colombo um 1750, auf den Fundamenten einer portugiesischen Kirche.

Höchstens zweihundert Meter sind wir vom Lärm des Viertels entfernt. Hier, im Hof der Wolfendahl-Kirche, ist es still, zeitlos still. Es gibt viele solcher Orte in der Millionenstadt, wo die Geschichte des Landes wie ein vergilbter Bilderbogen über alten Steinen liegt.

Die Kirche ist abgeschlossen; ein kleines Mädchen, das ein Kreuz um den Hals trägt, bedeutet uns schüchtern, ihm zum Haus seines Großvaters zu folgen. Er ist Wärter, Küster und nur zu gern auch Fremdenführer. Der Schlüssel, mit dem er uns die Vergangenheit aufschließt, ist so groß wie der Arm seiner Enkeltochter. Andächtig pustet der alte Mann den Staub von den Folianten: dem Taufregister von 1709 bis 1911, dem Heiratsregister von 1743 bis 1966. In einem Vitrinenschrank liegt eine Bibel in holländischer Sprache, vierhundert Jahre alt. Ins Gästebuch hat sich als Letzter 1979 Prinz Claus der Niederlande eingetragen, und 1992 war die Kirche noch einmal bis auf den letzten Platz gefüllt. Da feierten die Burgher, die Nachkommen jener holländischen Siedler, die sich einheimische Frauen genommen hatten, den dreihundertsten Geburtstag ihrer Reformierten Kirche.

Kontrastprogramm: Im Cricket Club, einem Top-Treff zur Lunchzeit, laufen Spitzenspiele aus der einst britischen Welt auf fünf Bildschirmen. Es sind Übertragungen des ceylonesischen Lieblingssports, zum Beispiel aus Sydney und Südafrika, aus Pakistan und Barbados. Die Gäste, smarte Mitglieder der neuen Business Society, unterbrechen ihre Handygespräche nur, um ein kleines Steak vom Grill oder einen Salat zu bestellen, so knackig und kalorienarm, wie ihn auch die Jogger, Banker und Broker in Bangalore, Mumbai oder Singapur lieben. Das sind Vorbilder, an die Colombo gern andocken würde.

Ein alter Freund, Geschichtsprofessor der Universität Peradeniya bei Kandy, zeigt mir das ehemalige Hospital der holländischen Kolonialisten; es liegt im Abseits, gegenüber der Börse. »Niemand hat sich darum gekümmert, ein Kleinod der Kolonialarchitektur … sie haben es vermodern lassen …« Jetzt verbirgt sich ein Wellnesscenter mit vielen Restaurants hinter den dicken alten Mauern, durchaus geschmackvoll restauriert … Der Freund stöhnt dennoch – oder eben deshalb: »Was machen sie aus unserer Stadt? Sie planen nirgendwo, sie reißen ab, und wenn sie etwas bauen, dann ohne Verstand und, viel schlimmer noch, ohne Herz …«

Ach, mein lieber Professor … lies mal, was der seinerzeit berühmte deutsche Indologe, Wilhelm Geiger, 1925 geschrieben hat, als er Colombo nach dreißig Jahren Abwesenheit wiedersah: »… der Verkehr ist mächtig gewachsen … ungefähr verdreifacht … alles ist viel lärmender und aufdringlicher geworden.«

Der Freund schmunzelt und lockt mich in ein großes gelbes Haus, das wie eine Kirche ohne Turm aussieht. Es ist das alte Rathaus von Colombo; 1873 wurde hier, neben der Markthalle an der Gaswork Street Junction, zum ersten Mal getagt. An diesem Morgen sind alle Türen verschlossen, aber das ist nirgendwo in Sri Lanka ein Problem. Immer kennt jemand jemanden, der einen Schlüssel hat und ein paar Rupien gut gebrauchen kann.

Vorsichtig schleichen wir uns die knarrenden

Treppen hoch. Der Mann, der uns den Eintritt verschafft hat, winkt uns zu einer Tür im ersten Stock. Ich will eintreten – und pralle zurück: Im Halbdunkel sitzen zehn Herren um einen Mahagonitisch, scheinbar in eine Diskussion vertieft. Gerade will ich mich entschuldigend zurückziehen, als ich sehe, dass die Gentlemen allesamt aus Holz sind. Es handelt sich um eine lebensnah nachgestellte Versammlung aus dem Jahre 1906.

Alle Volksgruppen sind vertreten: der sehr dunkle Tamile; die Burgher mit der viel helleren Hautfarbe – einer für die Holland-Fraktion, Dr. van Geyzel, einer für die Portugiesen –; Mr. Khan, der Herr mit dem Turban, repräsentiert die Muslime des Landes. Natürlich sind die Singhalesen anwesend, zum einen die Oberkaste aus Kandy, zum anderen ein Vertreter des Tieflands … und, selbstverständlich, die Engländer, die Herren der Insel.

Das Protokoll führt ein Mister Dunville, die Sitzung wird geleitet von W. Shakespeare. Kein Witz, der Mann, der vor rund hundert Jahren in der Old Town Hall, vermutlich im Schatten desselben großen Mangobaums, der noch heute den Raum verdunkelt, am Kopfende der Versammlung saß, hieß wirklich so. Das geht aus einem Foto mit Unterschrift hervor, einem historischen Dokument, das neben dem Tisch an der Wand hängt und dem ich diese Namen verdanke. Ob der Shakespeare von Colombo-upon-Sea auch noch William hieß, habe ich nicht herausbekommen.

Draußen, im grellen Licht der Tropensonne, wirkt auf einmal alles so ähnlich wie es früher war, vor vierzig Jahren, als ich zum ersten Mal nach Colombo kam: Lotterieverkäufer schieben ihr Fahrrad durch die Gassen der Pettah, nur haben sie heute einen Lautsprecher auf den Lenker geschnürt und Batterien und Kabel auf dem verrosteten Gepäckträger verstaut. Aus den glitzernd verspiegelten Goldläden an der Sea Street dringen arabisch-indische Klänge, in der 5th Cross Road feilschen die Köche und Wirtschafterinnen aus den feinen Stadtvierteln um die besten Gewürze für ihre Herrschaften.

Beim Mangobaum unter dem Fenster von Mr. Shakespeare hat sich inzwischen ein Händler niedergelassen. Er verkauft, wenn man so will, Bonuspunkte für das *karma*, den Status im nächsten Leben. Für weniger als einen Euro kann man Papageien und andere Tropenvögel aus engen Käfigen davonfliegen lassen in den freien Himmel.

Hindus, Buddhisten, Anders- und Gutgläubige nutzen die Chance. Ich schlage vor, dass auch wir etwas für unser Seelenheil tun sollten. Also erkaufen wir zwei sehr bunten Vögeln die Freiheit. Als wir uns nach etwa zehn Schritten umdrehen, bekommen wir gerade noch mit, wie der weise Vogelhändler die Papageien – unsere Papageien – wieder in den Käfig setzt. Sie hatten wahrscheinlich nicht einmal die Zeit, einen Blick durchs Fenster auf die Versammlung der hölzernen Ratsherren zu werfen.

Mit der Großmutter auf dem Rücken

Adam's Peak: Der lange Weg zum heiligen Gipfel

Die Wandergruppe ist gegen ein Uhr morgens von Nuwara Eliya mit einem Kleinbus aufgebrochen. Zwei Stunden später, bei der Ankunft im Dorf Maskeliya, wird zum ersten Mal die Lichterkette am heiligen Berg sichtbar. Wie eine Prozession von Glühwürmchen, so wirkt es aus der Ferne, windet sie sich steil nach oben: Laternen, Lampen, Fackeln. Es ist eine sternenklare Nacht im Februar, Hochsaison auf dem Sri Pada, der auch Samanala, meistens aber Adam's Peak genannt wird.

Seit vielen Tausend Jahren bewegt dieser Gipfel die Fantasie der Menschen auf der Insel Lanka. Spitz wie ein Zuckerhut ragt sein Kegel aus den grünen Hügeln des südlichen Hochlands, zweitausendzweihundertvierzig oder zweitausendzweihundertfünfundvierzig Meter über dem Spiegel des Indischen Ozeans; die Angaben über die Höhe schwanken. Seine unverwechselbare Form, die schon Sindbads Seefahrern als Landmarke gedient hat, mehr noch: seine Merkwürdigkeiten und seine Wunder, von denen ein anderthalb Meter großer Fußabdruck auf der Felsenspitze das wichtigste ist, heben diesen Berg aus allen anderen in Ceylon, von denen einige sogar höher sind, hervor. Wie beim Mosesberg auf dem Sinai, dem Ayers Rock in Australien oder dem Kailash in Tibet ranken sich auch um diesen heiligen Gipfel unzählige Legenden: Adam soll hier oben tausend Jahre lang, nur auf einem Bein stehend, um das verlorene Paradies getrauert haben. Von Buddha selbst, so sagen hingegen die Singhalesen, stamme der markante Abdruck im Felsen. Oder doch von Shiva, wie die Hindus behaupten?

Zu allen Zeiten haben neben den Pilgern auch Reisende von weither diese und viele andere Legenden aufgesogen, haben sich von der Heiligkeit des Berges anrühren, ja verzaubern lassen. Sie folgten ihren einheimischen Begleitern, die barfuß über die feuchtkalten und vermoosten Stufen kletterten und ihnen den rauen Pfad mit harzgetränkten Fackeln und später mit starken Taschenlampen ausleuchteten. Und bis heute ziehen sie sich dort, wo der Berg immer unwegsamer und steiler wird, an schweren Ketten hoch, die die Engländer während ihrer Zeit auf Sri Lanka in den Fels gehängt haben. Noch viel früher, im 14. Jahrhundert, erzählte der arabische Weltenbummler Ibn Battuta in seinem weltberühmt gewordenen Reisebericht von der Fußspur unterhalb des Himmels. Gut fünfzig Jahre zuvor soll auch Marco Polo die ausgetretenen Stufen auf dem Wege zum wundersamen Sri Pada benutzt haben.

Und noch viel länger zurück, bis weit in die Traumzeit der antiken Königreiche, lässt sich die Geschichte des heiligen Berges verfolgen. Die »Mahavamsa«, Kultchronik der Löwensöhne von Lanka, nennt vor über zweitausend Jahren den markanten Gipfel Samanala oder Samantha kuta – die Burg des Wächtergottes Saman. Als solcher wird er in der Legende vom frommen Heldenkönig Dutthagameni erwähnt, hundertfünfzig Jahre vor der christlichen

Zeitenwende. »Die Priester«, so heißt es dort sinngemäß, »welche das Sterbebett des Herrschers umstehen, preisen seine vielen guten Taten; sie erzählen das Wunder vom Reiskorn, welches der gute König als Almosen verteilt hatte, und das von den Priestern auf dem Gipfel des Wächterbergs unter neunhundert anderen Priestern verteilt werden konnte …«

Der Weg nach oben dauert etwa drei Stunden, Zeit genug, um über die vielen Deutungen und Geschichten nachzudenken. Es ist mühsam, eigentlich unmöglich, einen Rhythmus im Aufstieg zu finden, viertausendfünfhundert oder fünftausend Stufen sollen es sein, hohe und breite, ausgewaschen in ungezählten Monsunregen, andere wiederum kurz, niedrig und glitschig, schließlich die Felsbrocken und Pfade, die die Briten mit Ketten gesichert haben. Spätestens nach zwei Stunden schlägt das Herz bis zum Hals. In den Teestuben auf halber Höhe kauern müde Wanderer. Manche möchten aufgeben, aber dann sehen sie einheimische Pilger vorbeiziehen, die ihre Großmutter auf dem Rücken tragen oder ein kleines Kind im Arm. Das spornt an und kurz vor sechs haben es die meisten geschafft.

Es ist kalt und windig auf dem Gipfel, gerade einmal über null Grad. Im Osten kriecht ein breiter Streifen hellen Rots über die Nachtwolken. Die buddhistischen Priester im kleinen Tempel über dem Fußstapfen stimmen ihre Gläubigen auf das Wunder des neuen Tages ein. »*Sadhu, sadhu*«, heilig, heilig, ruft die Menge, etwa tausend Pilger und Touristen, als gegen Viertel nach sechs der rote Ball aus dem Nebelmeer steigt. Jeder, der die Mühe auf sich genommen hat, darf jetzt eine Glocke zum Klingen bringen, so oft, wie er auf dem Berg war. Manche schlagen die Glocke zehnmal, zwanzigmal an …

Der rötliche Gneis rund um die Fußspur ist mit Blumen bedeckt, leicht verwelkte Frangipaniblüten liegen dort in großen Mengen, daneben und darüber Jasmin, büschelweise Rhododendron, auch Reishaufen, Betelblätter und die Nüsse der Arekapalme. Ein süßlich-morbider Duft zieht durch das Tempelchen, das den Gipfel krönt. Junge Mütter, vorwiegend tamilische Frauen mit dicken, eingeölten Zöpfen, halten für einen Moment ihre splitternackten und erbärmlich frierenden Babys über Sri Pada, den geheiligten Fußabdruck. »Sadhu, sadhu«, rufen auch sie und werfen sich mitsamt dem Kind zu Boden. Und manchmal, so erzählen die Einheimischen, legt sich ein alter Mensch zum Sterben vor die Kette, die den Pilgerstrom vom Felsfuß trennt; niemand hält ihn davon ab. Es ist sein frommer Wunsch, dass die Seele von diesem heiligen Gipfel aus mit dem Wind verweht, möglichst im Moment des Sonnenaufgangs.

Das erste Licht des Tages bewirkt das zweite Wunder dieses Berges, ein Naturschauspiel, das auch viele ausländische Besucher als prägend für ein ganzes Leben empfinden – so unglaublich schön, dass es auf der Stelle alle Strapazen und die Kälte vergessen macht. Die Sonne wirft den Schatten des Bergkegels auf eine Wolkendecke, die drei-, vierhundert Meter tiefer liegt. Wieder schwellen die Sadhu-Rufe an, wieder werfen sich die frommen Anhänger Buddhas und Shivas auf den Stein.

Es wird jetzt schnell warm, die Nebel im Tal und die Wolkendecke auf halber Höhe unter der Bergpyramide zerreißen. Auf einmal, nur für kurze Zeit – oder doch für eine Ewigkeit? –, liegt allen hier oben das Paradies zu Füßen, das königlich leuchtende Land. Gleich darauf lässt heißer Dunst den Urwald dampfen und die Brillen beschlagen. Spätestens gegen sieben Uhr machen sich die meisten Gipfelstürmer auf den Rückweg. Noch einmal viele tausend Stufen, die die Knie zittern lassen, noch einmal Teepausen im grünen Dämmerlicht. Eine Stunde später lassen sich Pilger und Wanderer aus aller Welt ins Gras fallen oder ins Kräuterbad in der Herberge von Dalhousie, erschöpft, aber unendlich glücklich.

Bunte Vögel auf Buddhas Haupt

Vom stillen Zauber der antiken Stätten

Dunkle Wolken über dem Land nördlich von Kandy. Ein Gewitter entlädt sich. Wir wollten eigentlich an diesem Vormittag direkt zu den Höhlen von Dambulla fahren. Aber der Scheibenwischer unseres Autos schafft es nicht mehr, kein Durchblick. Wir halten uns Regenjacken über den Kopf und flüchten über die aufgeweichten Wege in das Höhlenkloster Aluvihara. Etwa hundert Jahre vor Christi Geburt, so heißt es, soll dieser Tempel, ein paar Kilometer außerhalb von Matale, aus dem Granitfelsen gehauen worden sein. Ein junger Mönch bietet Tee an und führt uns in einen Nebenraum. An einem offenen Fenster sitzt dort ein sehr alter Mönch, ein zerbrechlich wirkender Greis mit einem durchgeistigten Gesicht. Er schaut kaum auf, setzt sein Werk fort, als brächte allein das schon die Erleuchtung.

Mit einem Elfenbeingriffel ritzt der Alte heilige Texte in ein Ola-Blatt. Zeichen für Zeichen stanzt er in Pali, der Schriftsprache der Theravada-Buddhisten, in das hölzern wirkende Blatt. Manchmal, alle zehn oder fünfzehn Minuten, setzt er seine Brille ab und reibt sich die geröteten Augen. Seine Hände sind geschwollen, er knetet sie und betrachtet in einer Mischung aus Demut und Stolz, was er an diesem Tag bereits »geschrieben« hat.

Seit vielen Jahren sammelt der gelehrte Mann auf

diese Weise gutes *karma*. Er füllt den heiligen Dreikorb, *tipitaka* auf Pali, mit den kanonischen Texten der Lehre. Um 80 vor unserer Zeitrechnung haben sich an diesem Felsen über fünfhundert Mönche getroffen, um zum ersten Mal nach dem Tod des historischen Buddha eine Art Inventur zu machen: zu sichten und schließlich aufzuschreiben, was bis dahin nur mündlich überliefert worden war – Buddhas Lehre, seine Anweisungen für den *sangha*, die Gemeinschaft der Mönche, auch die scholastischen Schriften, also die Interpretationen seiner Jünger und Schüler. Er ist nicht, wie manchmal im Westen gern verglichen wird, die Bibel der Buddhisten, die dort entstand. Das Werk sollte als Sammlung aller philosophischen, psychologischen und alltäglichen Regeln verstanden werden, eine Art Grundlage der buddhistischen Kultur.

Als 1848 auf Buddhas Insel ein Aufstand gegen die Briten losbrach, flüchteten einige Rebellen auch in den Felsentempel von Aluvihara. So wurden die Kämpfe bis in die heiligen Höhlen getragen; die Bibliothek ging in Flammen auf, alle Manuskripte, die dort seit gut tausendneunhundert Jahren gehütet und immer wieder redigiert und neu geschrieben worden waren, verbrannten. Aber schon bald nach der Zerstörung begannen die Mönche mit der erneuten Niederschrift des Kanons. Sie bewahren sie, wie ihre Vorgänger seit zweitausend Jahren, in geflochtenen Korbschachteln auf; drei Körbe, symbolisch gemeint, mit drei Textsammlungen mussten und müssen immer wieder der Nachwelt überliefert werden. Denn Ola-Schriften zerfallen nach drei- oder vierhundert Jahren im tropisch-schwülen Klima, auch wenn sie in kühlen Höhlen lagern.

Der alte Mann legt sein Schreibzeug auf ein Tischchen und sieht uns an. Er lächelt und dann erzählt er, wie die jüngeren Mönche ihm die Ola-Blätter liefern: Die Novizen schneiden die Blätter der Talipotpalme in längliche Rechtecke, deren Form und Größe an breite Lineale oder Lesezeichen erinnern. Die noch spröden Teile werden kurz in eine milde Lake getaucht und mit Sand glatt geschliffen. Danach erst kann die mühselige Arbeit des Einritzens beginnen. Blatt für Blatt – »Seite« für »Seite« – reiben die Schriftgelehrten anschließend die Manuskripte mit Ruß ein, damit die Texte besser zu lesen sind.

Der Regen hat aufgehört, so plötzlich, wie er begonnen hat. Die grelle Sonne trocknet rasch die Pfützen, die eben noch wie kleine Seen den Garten überflutet hatten. Behände führt uns der Mönch, von dem wir inzwischen wissen, dass er hoch in den Achtzigern ist, einen glitschigen Weg zum Felsgipfel hoch. Dort weist er auf eine Vertiefung im Granitstein hin: noch ein *sri pada*, ein Fußabdruck Buddhas? Wir erzählen von unserem Besuch auf dem Adam's Peak, dem heiligen Berg so vieler Gläubiger. Nein, dieser Fußstapfen ist nicht wirklich heilig, nur eine Nachbildung des berühmten Pilgerziels im Hochland.

Ein paar Tage später, in Anuradhapura, der ältesten Ruinenstadt im Land der Könige. In der Blütezeit der lankischen Hochkultur, als das Römische Reich schon im Untergang begriffen war, lebten hier, in der Urwaldmetropole, vermutlich eine Million Menschen. Es wird berichtet, dass die Häuser und die Tempel so eng standen, dass die Hühner über die Dächer laufen konnten. Gegen Mittag hat die Hitze die meisten Besucher in die Busse und klimatisierten

Hotels getrieben. Ich habe mich in den Schatten der *dagoba* von Jetavana gesetzt und sinne den Zeitläufen nach. *Dagobas*, auch *stupas* genannt, sind buddhistische Reliquienschreine, die stets, selbst wenn sie vom Moos überwuchert sind, als Andachtsstätten von den Gläubigen aufgesucht werden. Die Jetavana-Kuppel hat im Altertum über hundertzwanzig Meter aus der legendären Stadt geragt. Die frühen Reisenden haben ihre Dimensionen und ihre Strahlkraft mit denen der Pyramiden von Gizeh verglichen. Volumen und Anzahl ihrer Steine, so sagen Fachleute in unseren Tagen, hätten für eine drei Meter dicke Mauer von der Südspitze der Insel bis nach Jaffna im Norden gereicht.

Vor tausend Jahren flüchteten die singhalesischen Könige wieder einmal vor tamilischen Eindringlingen nach Osten und bauten sich in Polonnaruwa eine neue Hauptstadt. Anuradhapura geriet ins Abseits, der Urwald schloss sich über den Kultstätten. Die Jetavana-*Dagoba* sank vierzig Meter tief in den Morast. Als Ralph Backhaus, ein junger Beamter des britischen Civil Service, im Jahre 1820 plötzlich vor den gigantischen Relikten stand, steinernen »Reishaufen«, Säulen und Skulpturen, war die Kuppel vermoost und die Spitze abgebrochen.

Im 3. Jahrhundert hatte diese mächtige *dagoba* im Mittelpunkt eines Klosters gestanden, das König Mahasena gegründet hatte, den sie Ketzerkönig nannten. Es war die Zeit bitterer Auseinandersetzungen um den rechten Weg der Lehre. Das Jetavana-Kloster, so nimmt man aufgrund neuer Funde an, gehörte damals den Mönchen der Mahayana-Schule, einer Reformrichtung, die *boddhisattvas* anerkennt, Helfer auf dem Weg zur Erlösung. Was für ein Affront gegen die mehrheitlich am Theravada, der ursprünglichen Lehre, orientierten Mönche muss das seinerzeit gewesen sein, als dieser Mahasena ausgerechnet die imposanteste *dagoba* den von der reinen Lehre Abgefallenen überließ. Trotzig verließen die wichtigsten Würdenträger des Theravada und mit ihnen einige Tausend *bhikkhus* für neun Jahre die Metropole des Glaubens. Erst als ein Minister den König überzeugen konnte, dass es im Sinne eines friedlichen Miteinanders der verschiedenen Schulen sei, den Anhängern der orthodoxen Richtung die *dagoba* wieder zu überlassen, kehrten sie in ihr Kloster zurück.

Ich habe die Augen geschlossen und schaue nach innen. Es ist tagsüber leicht, vor den gewaltigen Kuppeln im Heiligen Hain von Anuradhapura zu meditieren. Aber dann dringen doch Stimmen an mein Ohr. Junge Leute sind es, wie sich herausstellt, Studenten der Universität Peradeniya bei Kandy. Sie hocken auf den Bruchstücken der großen Vergangenheit, zeichnen und vermessen die *dagoba* und einige Stelen in der Nachbarschaft. Sie sind ernsthaft bei der Sache, ihr Professor hat gerade die Bedeutung des einstmals größten Heiligtums der Welt erklärt. Wir kommen ins Gespräch. Der Wissenschaftler und seine Studenten freuen sich über das Interesse des Europäers an der Geschichte ihres Landes. Viele Gruppenfotos sind die Folge.

Am frühen Abend sehen wir uns wieder. Wir alle sind jetzt Pilger an der wohl ältesten Feigenpappel der Welt: *mahabodhi*, großer Baum der Erleuchtung, nennen ihn die Einheimischen, und sie sind überzeugt, dass der Glaube auf dieser Insel ungefährdet gelebt werden kann, solange dieser heilige Baum blüht. Er ist nämlich ein Ableger jenes Stammes, unter dem Siddharta Gautama einst zum Buddha wurde. Um 250 vor unserer Zeitrechnung schickte Indiens großer Kaiser Ashoka seine Tochter, die buddhistische Nonne Sanghamitta, mit einem Setzling des Baumes der Erleuchtung zum König von Sri Lanka. Seither, seit dreiundzwanzig Jahrhunderten, trägt dieser Baum alljährlich lila Blüten; auch in jenen fernen Zeiten war das so, als die Stadt von Tamilen beherrscht wurde. Kein Wunder: Vishnu, immerhin, wurde unter einem solchen Baum geboren. Und auch der Buddha gilt den Hindus viel; er wird als neunte Manifestation ihres weltbewahrenden Vishnu angesehen.

Die Sonne ist eben hinter den Kuppeln der großen *dagobas* verschwunden, die Hitze weicht einer milden Luft, und jetzt rufen Flöten, Trommeln und auch die Gesänge der Mönche zur Andacht rund um den heiligen Baum. Alte Frauen in braunen Kutten, die »Töchter Buddhas«, legen Tempelblumen vor einen goldenen Zaun, der den Stamm auf einem Podest vor allzu viel Zuneigung und womöglich Schlimmerem bewahrt.

Fackeln erhellen den Ort der Andacht. Vor dem Heiligtum zünden Nonnen, Mönche und Besucher aus aller Welt Öllämpchen an. Sie glimmen ohne einen Windhauch auf eisernen Gerüsten still vor sich hin. Ein halber Mond, den immer wieder Wolken streifen, leuchtet die Szene zusätzlich aus, die vor tausend und zweitausend Jahren die Pilger nicht anders berührt haben mag als in diesen Tagen. Nach einer halben Stunde ebben die Trommelklänge ab. Mönche des *Mahabodhi*-Klosters sammeln die Blüten und Früchte ein, die zum Segen des Baumes mitgebracht worden waren.

Was für ein Abend. Und was für ein Morgen, am Tag darauf. Die meisten Gäste des kleinen, sehr alten Tissawewa-Rasthauses im heiligen Bezirk sind früh aufgebrochen. Sie sind auf dem Weg zur Ruwanweli-*Dagoba*, auf deren vergoldeter Spitze ein Bergkristall leuchtet, ein Geschenk der Buddhisten aus Myanmar. Oder sie lassen sich vom Zauber der Thuparama-*Dagoba* gefangen nehmen, unter deren Kuppel ein Schlüsselbein Buddhas liegen soll. Und im Felsentempel von Isurumuniya, nicht weit von dieser Herberge, treffen sich Honeymooner aus Colombo, um einander vor dem anrührenden Relief mit dem schönen Namen »Die Liebenden« die Treue zu schwören.

Jetzt höre ich nur noch auf die Vögel; gebannt und zugleich gelassen schaue ich zu, wie eine Horde junger Affen nach Sonnenstrahlen jagt und beobachte einen Jungen, der die Auffahrt fegt, Blatt für Blatt. Schließlich bespritzt er den Sandweg mit Wasser, achtsam und, wie es die Lehre des Buddha empfiehlt, »mit rechtem Bemühen und rechter Konzentration«. Jetzt erst, nach einer solchen Morgenstunde der Sammlung, mache ich mich auf den Weg nach Polonnaruwa.

Gal Vihara, schönstes Monument des Glaubens auf der Insel der Rubine und Hyazinthen. Es ist früher Morgen in Polonnaruwa, die Touristengruppen sitzen noch beim Frühstück im Hotel. Wir haben unsere Rucksäcke auf die Felsen vor die Statuen dieser zweiten großen Königsstadt gelegt; die Sonne beginnt gerade den Stein und unsere Gesichter zu wärmen. Vier Figuren aus grauem Granit strahlt sie an: den liegenden Buddha, der auf dem Weg ins *nirwana*, ins endgültige Verlöschen ist, daneben einen in Meditation versunkenen Buddha; den Erleuchteten in einer Felsvertiefung, umgeben von den Hindugöttern Brahma und Vishnu, erreichen ihre Strahlen kaum, wohl aber die große stehende Figur ganz links, deren Gesichtsausdruck völliges Losgelöstsein und tiefe Weisheit vermittelt.

Mögen sich die Gelehrten weiterhin darüber streiten, ob auch diese Skulptur, die wie die anderen im 12. Jahrhundert aus dem Granitgestein gemeißelt wurde, den Buddha darstellt oder Ananda, seinen angeblichen Lieblingsjünger. Betrachter, die den Sinn einer »Besichtigung« nicht nur in der Vermittlung von Jahreszahlen, Stilepochen oder wissenschaftlichen Interpretationen sehen, werden einfach nur die tiefe Ruhe genießen, die von dieser Figur ausgeht. Sie werden auch im sterbenden Buddha mühelos die Schwerelosigkeit erkennen, mit der der Künstler vor über achthundert Jahren die Größe und Wucht der vierzehn Meter langen Skulptur aufgehoben hat.

Eine Gruppe einheimischer Pilger tritt an den heiligen Felsen, legt Lotus- und Frangipaniblüten auf einen Sockel. Sie erzählen, dass sie aus einem Dorf im Süden der Insel gekommen und die ganze Nacht hindurch gefahren sind. Der Lehrer dieser kleinen Gemeinde spricht Englisch. Man habe heute Morgen, so berichtet er, außerhalb von Polonnaruwa das mitgebrachte Frühstück gegessen, Reis aus Henkeltöpfen, Linsen und Okraschoten. Jetzt, obwohl die Sonne schon hoch steht, zünden sie Kerzen auf den Tischen vor den Buddhafiguren an. Und man trauert, wie so viele Besucher, die schon vor Jahrzehnten diesen Ort geliebt haben, der Zeit nach, als die Skulpturen noch nicht überdacht waren. Das hässliche Dach hat der Anlage viel von ihrem Zauber genommen.

Der Lehrer übersetzt seinen Mitreisenden, dass wir oft und gern zu solch früher Stunde nach Gal Vihara kommen. »Haben Sie bemerkt«, fragt er uns, »wie fein der Faltenwurf der Robe gearbeitet ist, wie gelassen der Körper im Felsbett ruht …« Es sind Bauern, die mit ihm quer über die Insel gefahren sind, Tagelöhner, Besitzer kleiner Kokosplantagen, der Dorfbäcker, der Friseur, der Krämer, ein paar Musikanten. Andächtig hören sie, was der Lehrer eben auch uns gesagt hat: »Schaut genau hin: Die leicht verschobenen Füße des liegenden Buddha deuten den eben eingetretenen Tod an, den Übergang ins *nirwana* … Und sieht es nicht aus, als sinke der Kopf in das Kissen, auf dem er ruht …?«

Warum reise ich seit über vierzig Jahren immer wieder und oft für lange Wochen auf diese Insel, von deren innerer Zerrissenheit doch so häufig die Rede sein muss? Was macht mich dort eigentlich so glücklich? Es sind Begegnungen wie die vor der Jetavana-*Dagoba* oder bei den Buddhas von Gal Vihara. Aber noch öfter sind es die Momente, in denen ich mit den Steinen und der Stille der Tropen allein bin. Es ist eine merkwürdige Stille, summend heiß und zugleich samtweich. Vogelstimmen gehören dazu und die schnalzenden Rufe der Geckos.

Medirigiriya liegt abseits der bekannten Rundfahrtrouten. Kaum eine Busgruppe findet den Weg dorthin. Wir waren von Trincomalee die A6 nach Südwesten gefahren, hatten an diversen Checkpoints den

Soldaten in ihren Sandsackverschlägen zugewunken und mindestens zweimal an *Curd*-Ständen gehalten. *Curd*, der ceylonesische Joghurt, wird aus der Milch der Wasserbüffel gemacht und in Tonschälchen am Straßenrand verkauft, im Süden bei Yala und eben hier, an der Nationalstraße zwischen Habarane und Trincomalee.

Über schmale Wege, vorbei am Kaudulla-Stausee, waren wir schließlich nach Medirigiriya gekommen. Auf einem Podest schauen dort, tief im Dschungel, vier Buddhas in alle Himmelsrichtungen. Vor über tausend Jahren haben an diesem Ort heilkundige Mönche die Kranken aus den Dörfern der Umgebung gepflegt. Steinwannen, dem menschlichen Körper nachgeformt, werden heute, wo *ayurveda*, die uralte Lehre vom langen Leben, wieder in hoher Blüte steht, als Kräuterbäder identifiziert.

In einem alten Kunstbuch lese ich einiges über die Bedeutung, die das Kloster einst gehabt haben muss: Eine große *dagoba* soll damals im Mittelpunkt gestanden haben. Heute fallen immerhin noch die Stelen des alten Rundtempels auf, *vatadage* wird diese Form genannt. Die Steinsäulen, so nimmt man an, haben schon im 7. Jahrhundert einen Tempel gestützt. Vieles muss noch entschlüsselt werden; erst 1934 haben Archäologen aus Colombo diese schönsten *vatadage* der Insel entdeckt, vom Urwald überwuchert und voll zauberhafter Geheimnisse.

Ein Reiher hat sich auf den Kopf eines meditierenden Buddha gesetzt. Minutenlang wirkt es, als wäre der graue Vogel Teil dieser Skulptur. Plötzlich aber macht er, eifrig mit den Flügeln schlagend, einem Oriolenpärchen Platz. Das Männchen, schwarzköpfig, lässt sich auf der Schulter nieder, das quittengelbe Weibchen ruht sich vom flatternden Liebesspiel auf dem Kopf des Erleuchteten aus. Dieser Buddha, der nach Osten schaut, ist fast ganz erhalten. Aber auch wo Gesichter und Glieder von tausend und mehr Monsunzeiten verstümmelt sind, wirken sie beruhigend, erhaben.

Im Nachbardorf, das nur durch eine rumplige Piste mit der Welt verbunden ist, wird uns Tee angeboten. Eine Frau gießt ihn aus einem rußigen Kessel ein, der auf Feldsteinen über einem offenen Feuer steht. Die freundliche Neugier der Dorfleute, die sich in unglaublich kurzer Zeit um mich herum versammelt haben, macht leichtsinnig: Ich beiße in eine würzig duftende Kugel, die sie mir geschenkt haben; sie soll aus Linsenmehl gebacken sein. Die rötliche Farbe hätte mich warnen müssen: Der heiße Kloß war mit Chili der schärfsten Sorte gefüllt. Auch noch so viel Tee konnte das Feuer nicht löschen, das sich da in meinem Rachen ausgebreitet hatte. Die Leute aus Diwulankadawala hatten viel Spaß an diesem Nachmittag.

Ladys bitte durch die Seitentür

Kolonialmarotten im Hill Club

»*Wir empfehlen dringend, das Schild ›Ladys bitte nur durch den Seiteneingang‹ deutlicher aufzustellen.*«

Diese Anregung, eigentlich eher eine Beschwerde, unterschrieben im Dezember 1928 fünf Mitglieder des feinen Hill Clubs, Pflanzer, Teekaufleute, Offiziere im Kolonialdienst, mithin distinguierte Herren. Sie hatten immer wieder feststellen müssen, dass Damen einfach so durch die Vordertür in die Lounge eindrangen und manchmal sogar einen Fuß in die Men's Bar setzten.

Heute lebt man im Hill Club zu Nuwara Eliya, der »englischen« Kleinstadt im ceylonesischen Hochland, nicht mehr ganz so »strictly to the rules«. Zwar behaupten auch neue Reiseführer gern, man müsse vor Betreten der Herrenbar Frauen und Mäntel an der Garderobe abgeben, aber in Wirklichkeit dürfen Ladys and Gentlemen schon seit Jahren beide Tränken gleichzeitig und gleichermaßen betreten und benutzen: die eher langweilige Mixed Bar und eben die Men's Bar, in der sich auch ein Hemingway wohlgefühlt hätte. Ein ausgestopfter Leopardenkopf schaut dort dem Barkeeper über die Schulter. Stephen Netto schenkt seit zwölf Jahren Whisky und Gin aus, ein Youngster im Vergleich zu den altgedienten *servants* im Club. Die Hälfte der über siebzig Mitarbeiter arbeitet hier schon seit Jahrzehnten.

Als sich um die Jahreswende 1876/1877 William Walker, Joseph Wickwar und Herbert Saunders einig waren, dass man doch fern der Heimat einen stilechten Club benötige, zur Pflege aller Bräuche des British Empire, hatte kurz zuvor der Kaffeepilz die Plantagen und damit viele Existenzen im Hochland vernichtet. Zur Erinnerung an die Zeit vor dem Tee heißt ein Versammlungsraum bis heute »Coffee Planters Club«. Vom weltweiten Renommee des Ceylon Tea und dem damit verbundenen Wirtschaftsaufschwung war die Kolonie noch weit entfernt. Man ging mehr oder weniger fröhlich auf die Jagd, genoss die frische Luft auf Wanderungen durch die Rhododendronwälder auf der Horton-Hochebene und ertränkte seinen Kummer in den Bars von Colombo. Weil aber dort, zum Beispiel im Colonial Club, über den später das Hotel Taj Samudra gestülpt wurde, die müden Ventilatoren die schwüle Hitze nicht verwehen konnten, zog man zwischen Mai und Oktober, so lange man es sich leisten konnte, in die »Stadt über den Wolken«. Das ist die Bedeutung von Nuwara Eliya, über zweitausend Meter hoch gelegen. Eine Kleinstadt wuchs heran, wie aus Kent oder Somerset in die Tropen verlegt, mit einem Postamt aus roten Ziegeln, wo man bis heute farbenfrohe Briefmarken bekommt, der Hatton Bank, dem Grand Hotel, das seine Seele an die großen Reisegruppen verkauft hat, dem Vereinshaus am großen Golfplatz, dem fashionablen St. Andrew's, den Villen rund um die Pferderennbahn – alles viktorianisch, georgianisch, Tudor, vielfach auch von allem etwas. Und noch immer lebt Nurelia, wie schon die Engländer den Namen dieser Sommerfrische gern abkürzten, auf den ersten Blick vor sich hin wie in den Zeiten des Empires, nirgendwo so authentisch, so skurril wie im Hill Club.

»Im Frühstücks-Beef von heute Morgen tummelten sich Maden ...«

Das monierte am 23. April 1901 Vereinskamerad F. G. Savile. Der Clubsekretär war nicht amüsiert, redete sich aber im »Complaints Book« heraus: »Die Bedienung hatte Sie gewarnt ...« Keine Sorge, auch in kulinarischer Hinsicht haben sich die Zeiten geändert. Zwar beherrschen die britischen Klassiker nach wie vor die Menükarte: das typische halb blutige Steak mit Kidney Pie wird oft angeboten. Manchmal aber, zu besonderen Anlässen, tischen zum Beispiel die Herren von der Chaîne des Rôtisseurs aus Colombo sogar Tournedos Rossini auf, nach einer spektakulären Hühnersuppe namens Doria und gefolgt von einer Eiskreation Montblanc ... ein Irish Coffee krönt so ein feines Essen.

Anlässe lassen sich leicht finden: der Geburtstag eines Vorstandsmitglieds, ein Feuerwerk an der Börse, ein gutes Geschäft bei der Teeauktion. Manchmal schaut auch H. E. President herein, Ihre Exzellenz, die Präsidentin. Der Besuch der Queen liegt hingegen länger zurück. 1954 ließ sie sich im Clubrestaurant Lamm mit Minzsauce schmecken, anschließend gab es Plumpudding, was sonst? Ein Silberbesteck war eigens für ihren Besuch angefertigt worden, mit eingraviertem Windsorwappen. Es liegt seither unbenutzt im Schrank, wird aber regelmäßig und ausgiebig geputzt.

Stilvoll geht es übrigens an jedem Abend zu, ob nun der Premierminister diniert oder eine Gruppe von Studiosus. Serviert wird von Kellnern alter Schule, dunkelhäutigen Herren in schwarzer Livree, mit langen weißen Handschuhen. Kerzenlicht sorgt für das entsprechende Ambiente, und der jeweilige Clubsekretär achtet streng darauf, dass die Herren Krawatte und Jackett tragen. Wer beides nicht dabei hat, muss jedoch nicht umkehren. Am Empfang darf man sich gratis etwas aussuchen: Fünfzig Schlipse liegen bereit, einer scheußlicher als der andere, und sechsunddreißig Jacketts, garantiert *old fashioned*.

»Ich habe um halb elf eine Rikscha für elf Uhr bestellt. Aber die Kulis verweigerten die Fahrt, weil es regnete.«

Das geschah am 11. Oktober 1903. Der Sekretär hakte die Beschwerde kurz ab: »Kulis bestraft ...!« Auch auf diesem Sektor sind die Sitten freundlicher geworden, aber nicht weniger umständlich. Wer zu viel Rot- oder Portwein getrunken hat und zu seinem Hotel gefahren werden möchte, muss sich ein Taxi rufen lassen – heute in aller Regel eine Motor-Rikscha, ein *tuk-tuk*, auch *threewheeler* genannt, weil das Chassis auf drei Rädern rollt. Manche *Threewheeler*-Chauffeure besitzen ein Handy. Ansonsten schickt Ringasam Aisamy, der in seinem langen Rezeptionistenleben schon alle Sorten von Gästen kommen und gehen hat sehen, einen *boy* nach der Rikscha.

Vor vierzig Jahren hat auch er so angefangen, als *boy*, als Wachmann, als *handyman*, wie sie hier die Tagelöhner nennen, denen keine Arbeit zu schmutzig ist. Jetzt ist Ringasam in Ehren ergraut, er ist der Herr über die Krawatten, über die Garderobe und über alle Geheimnisse, wie sie auf der ganzen Welt nur Barkeepern und Empfangschefs anvertraut werden.

*»Die Lampen über dem Billardtisch brennen nicht oder
flackern ständig.«*

Darüber regten sich am 4. Mai 1894 gleich fünf
Clubmitglieder auf. Kann heute nicht mehr passie-
ren. Und wenn doch – »power cut«, Stromsperre,
ist auf Sri Lanka nichts Ungewöhnliches –, schaltet
Mariapam Awaday sofort den Generator ein. Auch
Mariapam hat als Türwächter und Laufbursche angefangen, mit dreizehn Jahren. Das war 1965, im selben Jahr, als der Kollege Rezeptionist seine Karriere
im Hill Club begann. Und wie der hat sich Mariapam nicht nur vom Hindu zum Christen gewandelt,
er hat sich auch hochgearbeitet. Mister Awaday ist
heute »maintenance officer«, Cheftechniker, Ober-
Hausmeister.

Zwei Billardtische sind jeden Abend umlagert.
Die Tafeln zum Anschreiben, die dunkel getäfelten
Spielräume, alles stammt aus den glorreichen Zeiten,
als hier nur wohlhabende Briten weißer Hautfarbe
Zutritt hatten, vom einheimischen Personal einmal
abgesehen. Heute schlafen in den sechsunddreißig
gemütlichen Zimmern, die zum Club gehören, auch
Touristen aus aller Welt, aber nur, wenn kein »ech-
tes« Mitglied dort wohnen möchte. Die Gäste von
außerhalb werden, freie Kapazität vorausgesetzt,
kurzerhand zu »temporary members« ernannt, meistens nur für eine Nacht. Dafür bekommen sie, wie
alle, eine Wärmflasche zwischen die Daunendecken
gelegt – es kann sehr kalt sein in Nurelia, bis an die
Nullgrenze. Und in den beiden Suiten lässt Mariapam an solchen Tagen den Kamin anfeuern.

»*Die Fliegen werden immer dreister. Wie kommen so viele auf einmal in den Club, sind sie Mitglieder?*«

Das fragte im April 1956 ein Gordon Windus, wohl eher rhetorisch. Der Clubmanager blieb deswegen auch die Antwort schuldig. Heute jedenfalls stehen fünfhundert noble Herren (und ein Dutzend Damen, immer noch nur zögernd akzeptiert) auf der Mitgliederliste. Sie alle gehören zur gesellschaftlichen Elite des Landes, Großkaufleute, Richter, Künstler, fast das gesamte Kabinett. Auf dem Stuhl des Clubpräsidenten sitzt seit einer gefühlten Ewigkeit ein Mister Wickremasinghe, also ein Mitglied des Clans, der auch schon seit ewigen Zeiten Premierminister stellt (seit Januar 2015 ist es Ranil Wickremasinghe). Engländer sind übrigens nur noch eine Handvoll dabei, vorwiegend *old boys*, übrig geblieben wie das Inventar.

Einer von ihnen, er könnte Churchill im Film spielen, so ähnlich sieht er dem britischen Premier von einst, zieht sich jeden Nachmittag nach dem Lunch in die Bibliothek zurück. Er wirft, wenn er hereinkommt, stets einen Blick auf den *Times*-Atlas von 1922, als die Welt östlich von Suez noch weitgehend britisch war, greift sich seine Zeitung, gibt dem Rezeptionisten ein Zeichen und nickt dann langsam über dem *Daily Telegraph* ein. Der alte Ringasam stellt ihm lautlos seinen Whisky neben den dicken Clubsessel und zieht sich ebenso leise zurück. Das macht er seit Jahrzehnten so. Die Wanduhr ist längst stehen geblieben, die Zeit auch.

Im Schwitzkasten

Ayurveda: Sanfter Boom unter Palmen

Der Blick aus dem ersten Stock des kleinen Hotels wird von üppigem Grün gefesselt. Nicht einmal bis zum Meer reicht er, obwohl die sichelförmige Bucht, ein Traumstrand aus dem Bilderbuch der Tropen, nur hundert Meter entfernt ist. Zu eng hat sich das Dickicht der Palmen und Papayabäume, der Büsche und Blumen zwischen das Hotel und das Wasser geschoben: Bananen, Hibiskus, Frangipani, Bougainvillea, Orchideen, alles erst vor zwei, drei Jahren liebevoll angepflanzt und schon Monate später dschungelartig explodiert.

Schon einmal hatte Christl Wildschek, die österreichische Besitzerin dieser gepflegten *Ayurveda*-Anlage im Süden der Insel, sich hier einen Garten Eden geschaffen. Das war im Dezember 2004, wenige Tage bevor im Paradies die Hölle ausbrach. Der Tsunami, der am zweiten Weihnachtstag rund um den Indischen Ozean Hunderttausende tötete, spülte auch ihr neues Haus fort und, weitaus schlimmer, die Existenzgrundlage unzähliger Menschen an fast allen Küsten Sri Lankas. Christl Wildschek packte an, half, wie so viele aus dem Ausland, Schulen wieder aufzubauen und ein Waisenhaus zu errichten.

Schließlich eröffnete sie im Herbst 2006 ihr Austrian Ayurveda Resort. Aber dann schossen und bombten tamilische Rebellen und die Regierungstruppen diese traumhaft schöne Insel wieder alle paar Wochen in die Schlagzeilen der Weltpresse. Da nützte es wenig, dass der langjährige Bürgerkrieg, der schon einmal, nach dem Waffenstillstand von 2002, überwunden geglaubt war, vor allem im Norden und im Osten tobte. Die Touristen, vor allem aus Deutschland, strichen Sri Lanka weitgehend aus ihren Urlaubsplänen.

Diese Zeit ist längst überwunden. Das Resort der ebenso resoluten wie charmanten Wienerin hat sich längst einen Namen als kultivierte und seriöse *Ayurveda*-Einrichtung gemacht: Acht sehr gepflegte Komfortzimmer, zwei Standardräume, ein weitläufiger Garten, ein kleiner Pool, unterhalb vom Garten ein breiter, langer, naturbelassener Strand. In vielen Dankesbriefen an Christl Wildschek und ihre gute Seele vor Ort, den einheimischen Majordomus Sanath, ist oft vom Paradies die Rede, vom Smaragdgarten, von der kompetenten Betreuung durch den *Ayurveda*-Chefarzt Dr. Aravinda Paranagama aus Colombo und die Therapeuten, die drei weiblichen und drei männlichen Meister der sanften Hände.

Der Doc, wie er von den Patienten genannt wird, entstammt einer alteingesessenen Gelehrtenfamilie, in der die Weisheit vom Leben – so die wörtliche Übersetzung des Begriffs *ayurveda* – in der vierten Generation praktiziert wird. Die uralte Lehre aus Indien spricht allen Menschen drei haupt- und ursächliche Energie-Typen zu, *doshas* genannt. In ihnen spiegeln sich paarweise die fünf *Ayurveda*-Elemente: Äther und Luft stehen für Bewegung *(vata-dosha)*, Feuer und Wasser haben die Funktion der Umwandlung und Verdauung *(pitta-dosha)*, Wasser und Erde sorgen für Stabilität *(kapha-dosha)*.

Was heute in manchen Katalogen oder oberflächlichen Zeitungsartikeln zum Beispiel als »Ölwechsel im Paradies« verkauft oder veralbert wird, hat im indischen Kulturkreis eine sehr lange, sehr seriöse Tradition. Die Gesundheit des Gesunden schützen und die Probleme des Erkrankten behandeln – das sind die vornehmsten Ziele des *ayurveda*. Von Beginn an haben die *Ayurveda*-Weisen die jeweiligen Bedingungen von Mensch, Natur und Gesellschaft beachtet, bevor sie eine Therapie in Angriff nahmen.

Vor etwa dreitausend Jahren haben indische Heiler erstmalig erkannt, wie wichtig der Gleichklang aller Elemente ist, jener des Körpers und jener der Umwelt. In Indien wie in Sri Lanka war die alte Lehre in den Jahrhunderten der Kolonialherrschaft in die Dörfer verdrängt worden, als Scharlatanerie verrufen. Erst nach der Unabhängigkeit setzte sich in den Ursprungsländern Indien und Ceylon/Sri Lanka wieder durch, was heute auch von immer mehr westlichen Schulmedizinern anerkannt wird: Körper, Geist, Seele und Umfeld eines jeden müssen in Einklang gebracht werden. Im *ayurveda* werden deshalb nicht einzelne Organe oder Glieder behandelt, sondern vielmehr wird der aktuelle Zustand in Verbindung mit den individuellen *doshas* betrachtet.

Dabei spielen neben sehr unterschiedlichen äußeren und inneren Anwendungen – zum Beispiel Massagen aller Art, Stirngüsse, Öl- und Schwitzbäder – die Ernährung und Entspannungsübungen eine wichtige Rolle. Ein ausgeklügeltes und bewährtes System aus Geschmacksrichtungen *(rasa)*, Gewürzen, Kräutern – um die tausendsechshundert verschiedene Sorten sollen in diesem System Anwendung fin-

den –, geklärter Butter *(ghee)*, Tees *(chai)* und Hülsen-
früchten, vor allem Linsen, wird auf den Patienten
abgestimmt. Yoga, Meditation und andere Übungen
in Erkenntnis, Einsicht und Entspannung sollten eine
Ayurveda-Kur, die den Namen verdient, immer ab-
runden und zur Gesamtbalance beitragen.

Seit Ende der achtziger Jahre hat sich aus dieser
sanften Weltsicht eine Wellness-Industrie entwickelt:
Ayurveda-Musik, *Ayurveda*-Kochkurse, *Ayurveda*-
Bücher. Wer den inzwischen inflationär gebrauch-
ten Begriff bei Google eingibt, bekommt fast fünfunddreißig Millionen Treffer angeboten, sogar vor
ayurveda auf Bayerisch, Almyurveda genannt, schre-
cken besonders »witzige« Marketingmanager nicht
zurück. Kein Wunder, dass es an Sri Lankas Strän-
den kaum ein Hotel gibt, das nicht wenigstens eine
Ayurveda-Massage anbietet. Wer darüber hinaus mit
einem Ölkännchen pendeln kann, hat gute Chancen
als *Ayurveda*-Therapeut. Uwe Endres, Chef des renommierten Spezialveranstalters Aytour in Starn-
berg und einer der besten Kenner der Szene, schätzt
die Anzahl der ernsthaften *Ayurveda*-Einrichtungen
in Sri Lanka auf höchstens ein Dutzend – und auch
darunter sind einige Resorts, die nicht-ayurvedisches
Essen anbieten und in einigen anderen Punkten von
der reinen Lehre abweichen.

Wer für sich selber austesten möchte, ob ihm
die öligen Anwendungen, der sehr strukturierte
Tagesablauf und die zumeist vegetarisch orientier-
te *Ayurveda*-Ernährung zusagen, sollte zunächst
eine Schnupperkur von vier bis fünf Tagen buchen.
Auch gegen abgeschwächte Formen, die das allge-
meine Wohlbefinden stärken, aber nicht auf die Be-

handlung bestimmter Probleme und Beschwerden eingehen, ist nach Endres' Meinung wenig einzuwenden. Wenn aber das Blaue vom Himmel versprochen wird, wenn nicht klar erkennbar ist, wie erfahren Ärzte und Therapeuten sind, ist Vorsicht geboten. *Ayurveda* ist ein ernsthaftes und bewährtes System zur Gesunderhaltung, mit dem sich vielerlei Krankheiten lindern und heilen lassen, vor allem im psychosomatischen Bereich. Aber jeder Körper, jeder Geist reagiert anders auf die vielfältigen Anwendungen, von denen einige als anstrengend, andere als gewöhnungsbedürftig gelten. Seriöse Einrichtungen gehen einfühlsam auf die individuellen Reaktionen der Patienten ein. Klimaanpassung und Jetlag müssen in den ersten Tagen beobachtet werden, die korrekte Übersetzung aus den Sprachen der Ärzte und Therapeuten muss gewährleistet sein.

Neben Resorts mit langjähriger Erfahrung wie dem Austrian Beach und dem Surya Lanka – beide an der Südküste – haben sich neue Anlagen etabliert, deren Leiter aus bewährten Einrichtungen kommen und sich selbständig gemacht haben. Die Resorts am Strand oder in Küstennähe sind besonders beliebt: Meeresrauschen, Strandspaziergänge, Abwechslung in den Straßendörfern der Nachbarschaft. *Ayurveda*-Wissenschaftler der besonders strengen Observanz sehen in diesen vermeintlichen Vorteilen aber eher Nachteile für den Erfolg einer Kur: zu viel Ablenkung, zu viele ableitende Einflüsse. Sie empfehlen Kuren im milden Klima des Hügellands, weit weg von den »Verführungen« der palmengesäumten Tropenstrände. In der Bergregion haben sich Einrichtungen wie die Greystones Villa des Stuttgarter Heilpraktikers

Norbert Fischer und, auf sehr viel weitläufigerem Gelände mit Pool und künstlich angelegtem See, die Maho Klinik bei Yapahuwa einen Namen gemacht.

Den Stammgästen des Austrian Beach Resorts ist ihre Bucht, eine Viertelstunde vom nächsten Dorf entfernt, abgelegen genug. Der Weg von Colombo nach Kemagoda an der Südspitze der Insel, ins kleine »österreichische Paradies«, wie die Anlage in den Gästekommentaren oft genannt wird, ist allerdings durch den neuen Nordsüd-Highway um viele Stunden kürzer geworden. Das Team um Christl Wildschek und Dr. Paranagama lässt seinen Patienten gleichwohl Zeit, »richtig« anzukommen. Erst am nächsten Vormittag, vor allen Behandlungen, fühlt der Doc den Puls, schaut sich Zunge und Augen intensiv an, fragt nach den Lebensgewohnheiten: Wie, wann, wie oft wird zu Hause gegessen, geschlafen, geträumt und gearbeitet? Was beschwert den Gast, welche Probleme hat er (in den meisten Fällen: sie) mitgebracht auf die Insel? Alles mündet in Dr. Paranagamas Beurteilung ein; sie ist die Grundlage für die Anwendungen der nächsten Tage, für Massagen, Bäder, Einläufe und das Essen.

Ein paar Tage später: Aus dem Schwitzkasten, *svedana* genannt, schaut nur der Kopf heraus, von Kumara, einem der sanft freundlichen Therapeuten mit kühlenden Tüchern abgetupft. Der Patient liegt auf einem Holzrost und schwitzt unglaubliche Mengen »böser Säfte« aus. Der Dampf aufgebrühter Kräuter löst Schlacken aus den Körperzellen, Gift, das sich dort seit Jahren angesetzt hat. Aus dem bunten Tropengarten dringt milder Blütenduft in den Behandlungsraum.

Zwanzig Helfer sorgen im Austrian Beach Resort für einen Ablauf, der als effizient und behutsam empfunden wird. Manchmal wird ein Ausflug zum *Ayurveda*-Hospital angeboten, wo – unter den strengen Augen von Dr. Paranagama – auch die meisten Öle und Medikamente hergestellt werden, die im Resort zur Anwendung kommen.

Yoga am frühen Morgen: Meister Indrajith sorgt mehrmals in der Woche für zusätzliche Entspannung von Körper und Geist. Das ist die Art von Abwechslung, die besonders die vielen Stammgäste in dieser Anlage schätzen: Meditation vor der Kulisse des Palmengartens, Essen in aller Ruhe und vielen Geschmacksrichtungen. Upul und Maderer, die Köche, deren freundliches Lächeln allein gute Laune verbreitet und Lust aufs Essen macht, zaubern Mahlzeiten, die alle Sinne anregen und an vieles erinnern, nur nicht an Askese.

Eine Patientin aus Graz, zum dritten Mal in diesem Garten Eden, fühlt sich vom Tinnitus geheilt, der sie lange gequält hat. Ein anderer Gast, der vor zwei Wochen mit heftigen Gelenkschmerzen gekommen war, hat gestern einen ersten beschwerdefreien Spaziergang zum Tempelchen in der Nachbarschaft gemacht – zwanzig Minuten gemächlichen Weges hin, zwanzig Minuten zurück. Gute Erfolge auch bei Asthma, bei Stoffwechsel- und Hautkrankheiten, bei hohem Blutdruck und Burn-out-Syndrom.

Der ganze Körper wird von vier Händen massiert, *abhyanga* heißt diese wohltuende Behandlung. Thanuja und Pregeetha streichen, drücken und reiben ein Öl ein, das helfen wird, *agni*, das *Pitta*-Feuer abzukühlen, dafür aber den *Kapha*-Anteil zu stärken

– mehr Gelassenheit, mehr Bodenständigkeit sollen die Folge sein.

Letzter Tag vor dem Heimflug. Der Kopf ist klarer, der Körper leichter und lockerer geworden. Noch einmal bummelt der Gast am Strand entlang, schaut hier einem Fischer bei der Renovierung seines alten Holzbootes zu, freut sich dort über eine bunte Muschel. Die sanften Wellen spielen mit den Schalen brauner und grüner Kokosnüsse, ein paar gutmütige Hunde schnappen nach den Strandkrabben, die aber in jedem Fall flinker sind und blitzartig in ihre winzigen Höhlenlöcher verschwinden.

Alle lieben Kandy

Wo Buddha die Elefanten leuchten lässt

Ein schönerer Frühstücksplatz lässt sich kaum vorstellen: Von einer Art Garten-Balkon, der an einem Steilhang klebt, bietet sich ein Panoramablick über das Hinterland der alten Königsstadt Kandy. Tief unten, durch einen dschungelgrünen Canyon, fließt der Mahaweli, der größte Fluss der Insel, er mäandert durch dichten Regenwald, vorbei an Dörfern, aus denen der Rauch von Feuerstellen aufsteigt. Wie eine akustische Folie liegen die Stimmen exotischer Vögel und die sanften Klänge aus einem nahen Kloster über diesem tropischen Bühnenbild.

Der Freisitz ist eine der im doppelten Sinne herausragenden Besonderheiten der Villa Rosa, einem Boutique-Hotel mit nur sechs Zimmern. Der Hamburger Wirtschaftsfachmann Volker Bethke führt seit vielen Jahren dieses Hideaway für gestresste Seelen. Ursprünglich hat er es mal für sich gebaut, als Ort des Rückzugs vor einer lauten und unruhigen Welt. Von dieser Philosophie profitieren nun Gäste aus vielen Ländern. Sie sitzen mit dem Hausherrn an diesem paradiesischen Platz im Rücken von Kandy, genießen die Früchte, die einem hier in den Mund wachsen, Mangos, Papayas, kleine rote Bananen, trinken den Tee aus der Nachbarschaft und planen ohne Hektik den neuen Tag.

Locker und kenntnisreich gibt der promovierte

Ökonom Anregungen für Ausflüge oder besucht mit seinen Gästen den Markt. Der erfolgreiche Hotelier, der eigentlich nie einer werden wollte, kennt dort fast alle: Sunil, den schlitzohrigen Betelblattverkäufer, Abbas, den stillen Anbieter von Trockenfischen, Ajith, den redseligen Gewürzhändler, der einige Restaurants der Umgebung und erst recht die Gerüchteküchen des Marktes bedient.

Dieser große Basar im Herzen von Kandy hat sich kaum verändert, seit Bethke vor über zwanzig Jahren zum ersten Mal nach Sri Lanka kam. Auch über dem Bahnhof liegt noch die Patina der Kolonialzeit, Fahrpläne auf Mahagonitafeln, Eisengerüste, die von Monsieur Eiffel stammen könnten. Die neuen Sitzbänke aus Plastik und die Absperrgitter aus Edelstahl stören diesen Eindruck kaum.

Und doch »bewegt« sich auch Kandy, Lieblingsziel vieler Reisenden und Pilgerstadt für Millionen. Mal ist es religiöser Eifer einiger buddhistischer Würdenträger, mal sind es die sich wandelnden Konsumgewohnheiten der Einheimischen, die für Veränderung sorgen. So musste, ein eher skurriles Beispiel, das Queens Hotel seine Bar an der Außenseite schließen, weil sie einigen Mönchen strenger Observanz plötzlich zu nahe am heiligen Tempel des Zahns erschien.

In der neuen Shoppingmall hingegen, auch nicht viel weiter entfernt, kaufen andere, eher moderat und modern eingestellte Herren in gelben Roben gern ein, fahren vergnügt die Rolltreppen rauf und runter oder lassen sich die neuesten Smartphones und Tablet-Computer erklären. Buddha, der als eine überdimensionale Statue von einem der Hügel auf die Stadt schaut, nimmt von diesen und jenen Zeitläufen keine Notiz. Im Inneren der in Ehren angestaubten Queens-Herberge hat sich ohnehin so gut wie nichts geändert: Der Speisesaal sieht aus, als würde Lord Mountbatten mit seiner Entourage jeden Moment eintreten, in den dunklen Korridoren glänzt der Mahagoni, und in der Lobby wartet ein betagter Barkeeper auf seine Stammgäste, die alters- und stilmäßig gut zum Mobiliar passen.

Auch dem Old Empire schräg gegenüber, noch ein paar Schritte näher zum Tempel und fast so betagt wie das Queens, hat ein sanftes Facelifting nichts von seinem Charme genommen. An den Rändern der Stadt allerdings wuchert eine Reihe neuer Hotels heran, die den Boom nach dem Ende des Bürgerkriegs symbolisieren. Zur Freude der langjährigen Kandy-Liebhaber aber bleiben die Dimensionen im passenden Rahmen. Und während im klotzigen Einkaufszentrum ein paar Filialen nobler Shops aus Colombo Einzug gehalten haben, beherrschen im gastronomischen Bereich nach wie vor die alten Platzhirsche die Szene. Für einen Wandel wie er in Colombo sichtbar ist, fehlt hier die junge, schicke Kundschaft. Zwar hat auch in der heiligen Stadt der Verkehr heftig zugenommen, aber letztlich ist, auch im sprichwörtlichen Sinne, der Tempel im Dorf geblieben, der wichtigste auf Buddhas eigener Insel.

Dieser Tempel, Dalada Maligawa, prägt nicht nur Kandy, in ihm schlägt das spirituelle Herz des Landes, zumindest seines buddhistisch orientierten Teils. Von außen wenig spektakulär, birgt er, spannenden Überlieferungen zufolge, seit fast zweihundertfünfzig Jahren den linken Eckzahn des Erleuchteten, eine der wichtigsten Reliquien des klassischen Theravada-Buddhismus. Diese älteste Form der Lehre Siddharta Gautamas, des historischen Buddha, wird auch in Thailand, Myanmar, Laos und Kambodscha praktiziert.

Der achteckige Turmvorbau, der als Erstes den Blick auf den Tempel lenkt, war früher Teil des Königspalasts. In die eigentliche Pagode, einen schlichten Holzbau, gelangt man über einen Wassergraben, in dem Schildkröten leben. Sie symbolisieren Altersweisheit und Gelassenheit. Dreimal am Tag, morgens gegen sechs, vormittags um halb zehn und abends um halb sieben, lockt dumpfer Trommelwirbel die Gläubigen und die Touristen ins Haus des heiligen Schreins. Der kostbarste Schatz für alle Theravada-Buddhisten, der Zahn des Erleuchteten, wird hinter einer schweren, silber beschlagenen und mit Intarsien verzierten Tür aufbewahrt, eingerahmt von mächtigen Elefantenzähnen.

Wenn die Tür aufgeschlossen wird, etwa zehn Minuten nach den ersten Trommelschlägen, drängen die Pilger zum Allerheiligsten. Tempeldiener und Mönche nehmen ihnen die Lotusblüten und Rupienscheine ab und kanalisieren den Strom der Besucher. Für zwanzig Minuten wird ein Vorhang zur Seite geschoben und der Blick auf die Reliquie freigegeben. Auf einem goldenen Lotusblatt, umhüllt von sieben übereinandergestülpten, mit Edelsteinen besetzten *dagobas*, liegt das Objekt der tiefen Verehrung, der Augenzahn des Erleuchteten, angeblich fünf Zentimeter lang und anderthalb Zentimeter im Durchmesser.

Um 480 vor der Zeitenwende starb Siddharta

Gautama, unstrittig der historische Reformator des Ostens, als Buddha in Nordindien. Als er verbrannt wurde, barg man aus seiner Asche unter anderem einen Schlüsselbeinknochen und vier Zähne. Um jede dieser fünf Reliquien ranken sich seither abenteuerliche Legenden. Aber keine Geschichte ist so spannend wie der Krimi um den linken Eckzahn.

Einen der vier Zähne sicherte sich angeblich der im alten Indien hochgeschätzte Wettergott Indra, ein anderer soll in einem Kristallpalast auf dem Meeresgrund ruhen, ein dritter wird in einer Pagode bei Peking verwahrt. Und der vierte, eben jener, der jetzt in Kandy liegt, hat eine unglaubliche, zumindest teilweise aber wohl wahre Odyssee hinter sich: Die ersten achthundert Jahre nach dem Tod des Erleuchteten umhüllte ihn ein Schrein, den ein frommer König in Nordindien errichtet hatte. Dann tauchte ein Hinduherrscher auf, dem diese Zahnverehrung nicht gefiel. Er raubte die Reliquie und warf sie ins Feuer. Doch aus den Flammen erhob sich eine Lotusblüte, die ihre Blätter schützend um den Zahn legte. Der Hindu, noch wütender geworden, versuchte den Zahn zu zerschmettern. Als dabei aber sein Hammer und nicht der Zahn zersprang, warf er ihn in einen Teich. Und wieder umhüllte den Zahn augenblicklich eine Lotusblüte.

So viele Wunder bekehrten den einstigen Despoten zum Buddhismus. Er gab das heilige Stück reumütig jenem König zurück, dem er es gestohlen hatte. Der schickte nun den Zahn, im Haar seiner Tochter verborgen, auf die Insel Lanka. Dort, wo um 350 nach Christi Geburt der Buddhismus in hoher Blüte stand, während die Lehre in Indien immer weniger Anhänger fand, glaubte er die Reliquie in Sicherheit. Sie entwickelte sich zum Machtsymbol. Jeder König nahm sie in seine jeweilige Hauptstadt mit und baute ihr einen Tempel – bis die Portugiesen vor fünfhundert Jahren der »Götzenverehrung« auf der gerade eroberten Insel ein Ende machen wollten. Sie stahlen den heiligen Zahn aus dem Dalada Maligawa in Kotte bei Colombo. Kurz darauf zerstampfte ihn der Erzbischof von Goa, seinerzeit auch eine portugiesische Kolonie, höchstpersönlich. Aber schon bald tauchte der »echte« Zahn in Sri Lanka wieder auf, diesmal in Kandy, wo er bis heute die Massen anzieht. Den militanten Katholiken aus Portugal, da sind sich die Singhalesen bis heute sicher, war nämlich nur eine Kopie in die Hände gefallen. Seither gilt: Wer diesen Zahn besitzt, beherrscht das Land.

Einmal im Jahr, immer zur Vollmondzeit des Sommermonats *esala* – meistens im August –, strömen Hunderttausende in die alte Königsstadt. Zehn Nächte und einen Tag formieren sich bis zu fünfzig prächtig geschmückte Elefanten, Hunderte und Aberhunderte Tänzer, Musiker, Fackelträger, Fahnenschwenker zu einer *perahera*, einer Prozession, die von vielen ausländischen Zuschauern als einmalig, als magisch empfunden wird. Die Energie, mit der die Lichterketten an den Elefanten zum Leuchten gebracht werden, liefern Generatoren, die die Dickhäuter hinter sich herziehen.

In den ersten fünf Nächten, *kumbal* genannt, stimmen sich Tänzer, Trommler und die imposant dekorierten Würdenträger des Tempels und der umliegenden Klöster auf die glanzvolleren Umzüge gegen

Ende der Festwoche ein. Von der siebten Nacht an steigern sich die Gläubigen, die Musiker, Peitschen- und Fahnenschwenker, die Gaukler und Feuer-Akrobaten in einen schier unglaublichen Farbenrausch. In der zehnten Nacht schließlich stapft der mächtigste Tempelelefant, der *tusker*, mit der Kopie des heiligen Zahns auf dem Rücken an der begeisterten Menge vorbei.

Am letzten, dem elften Tag, marschieren die Musikanten und die Elefanten schon ab Mittag los. Der Abschluss der großen Prozessionen gehört den Würdenträgern der Hindutempel von Kandy, die ihr Domizil gleich hinter dem Dalada Maligawa haben. Was aber haben Hindus auf diesem heiligsten Fest der Buddhisten zu suchen? Die Antwort ist einfach: Buddha wird auch von vielen Hindus hochverehrt, in Indien wie auf Sri Lanka – als die neunte von zehn Inkarnationen ihres Gottes Vishnu.

Legenden, Märchen, Geschichte und Geschichten. Viel Stoff für die Gespräche im Garten von Volker Bethke, erst recht zum Drink in der kurzen Dämmerung. Es ist die Blaue Stunde vor dem Abendessen, zu der sich Gäste, Hausherr, manchmal auch ein Mönch, ein singhalesischer Nachbar oder ein tamilischer Freund treffen. Die Gespräche kreisen um den heiligen Zahn, um die politische und die touristische Zukunft der Insel oder um das *curry*, das im Hintergrund vorbereitet wird und dessen Aromen sich mit denen der schnell hereinbrechenden Tropennacht mischen.

Starke Frauen

Mit Kleinkrediten gegen die Armut

Eine Hütte im Dorf Ahangama, tief im Süden der Insel, zwei Zimmerchen nur. In dem einen schlafen ihre Söhne, elf und achtzehn, in dem anderen steht ihr Bett, daneben täuschen zwei Sessel etwas Wohlstand vor. Das Häuschen ist mit Wellblech gedeckt, im Garten wuchern Palmen, Jasmin und bunte Tropenblumen. Der Strand, der den Fischern gehört und noch nicht den Urlaubern, ist ganz nah, man hört das Meer rauschen.

Das ist die überschaubare Welt von Swarna d'Alwis, Näherin von Beruf. Sie könnte sich auch Designerin nennen, denn sie entwirft die Muster der Sets und Kissenhüllen, der Decken und Wandbilder, die sie bestickt, selber. Aber so ein Begriff ist der bescheidenen und stillen Frau völlig fremd. Oberflächlich betrachtet wirkt ihre Welt heil und hell, geradezu idyllisch.

Swarna ist Witwe, Kriegerwitwe. Ihr steht von Amts wegen eine monatliche Rente von knapp zwanzig Euro zu, aber mehrmals im Jahr bleibt die Überweisung einfach aus. Keiner weiß warum, Swarna am allerwenigsten. Bis heute hat ihr übrigens auch niemand gesagt, wann genau und wo ihr Mann, der Corporal Gihan d'Alwis, in dem Bürgerkrieg gefallen ist, der im Mai 2009 mit dem Sieg der Regierungstruppen über die tamilischen Rebellen zu Ende gegangen ist. Ihr jüngster Sohn war noch nicht einmal drei Wochen alt, als sie damals die Todesnachricht erhielt.

Lange Zeit hat sie sich mühsam durchschlagen müssen, wie so viele alleinstehende Frauen, die meistens auch Mütter waren und sind. Ihre kurzfristigen Jobs, hier ein bisschen putzen, dort für ein paar Rupien auf dem Bau schuften, haben selten gereicht, um zum täglichen *Curry*-Gericht neben Gemüse auch mal Fleisch oder Fisch auf den Tisch zu bringen. Aber seit einem Jahr schaut Swarna, wie mindestens hundertvierzig andere Frauen mit einem ähnlich schweren Schicksal, optimistisch in die Zukunft: »Mein Leben hat wieder einen Sinn«, sagt sie dankbar und voller Stolz.

Gleich nach dem Tsunami hatte sich in Hamburg ein gutes Dutzend Freunde und Kenner der Insel zusammengefunden. Zunächst ging es um die Linderung der ersten Not. Schon bald aber half diese Gruppe Frauen vor Ort, die ohne eigene Schuld in eine schier hoffnungslose Lage gekommen waren, beim Aufbau eines Geschäfts, einer Werkstatt, einer selbstbestimmten Existenz. Vorbild war das Konzept des bengalischen Bankiers Muhammad Yunus. Sein Prinzip: sogenannte Mikrokredite ohne Sicherheiten vergeben, jeweils etwa hundert Euro im Jahr, Starthilfe für Menschen, denen keine Bank Geld leihen würde, die bis dahin oft genug von Wucherern abhängig waren. Einigen Hunderttausend Menschen in über sechzig Ländern hat Yunus auf diese Weise zu einem menschenwürdigen Leben verholfen. Dafür ist ihm 2006 der Friedensnobelpreis verliehen worden.

Hilfe zur Selbsthilfe, so funktionieren auch die Projekte des Hamburger Sri-Lanka-Vereins, der schon bald aus dem spontan gebildeten Freundeskreis entstanden war. Vor allem Frauen im Süden der Insel haben sich seither aus Spendengeldern und eigenen, pfiffigen Ideen eine bescheidene Existenz aufbauen können. Sie züchten Pilze, nähen Moskitonetze, betreiben kleine Shops. Sheela zum Beispiel, Mutter von sieben Kindern. Sie bastelt bunt geschmückte Taschen und Etuis aus Kokosfasern. Auch bei ihr genügten rund hundert Euro Starthilfe, um Rohstoff zu kaufen und ein kleines »Atelier« einzurichten. Vor zwei Jahren war sie noch traumatisiert gewesen, ohne Hoffnung. Sie hatte beim Tsunami ihr Haus und ihren Arbeitsplatz in einem Hotel verloren. Eines Tages war auch ihr Mann verschwunden, einfach weggeblieben von einem Tag auf den anderen.

Oder Tamara, ihr Mann, ein Trinker, hatte ihr vor ein paar Jahren mit heißem Öl die Arme verbrüht. Nur ihre Kinder hielten sie davon ab, in den Selbstmord zu flüchten. Mit dem Kleinkredit konnte sich die gelernte Schneiderin eine Werkstatt einrichten und Stoff kaufen. Jetzt näht sie Uniformen für die Kinder benachbarter Schulen und Horte. Und im Nachbardorf hat sich Shanti, Besitzerin eines winzigen Dorfladens, zwei kleine elektrische Mühlen für Reis und anderes Getreide kaufen können. Mit *stringhoppers*, einem beliebten Reismehl-Snack, hat sie sich eine Marktnische bei jungen Leuten erobert. Ihr Geschäft ist neuerdings nach Schulschluss der Treffpunkt der Jugend.

Irgendwann bekam Ashoka Opatha einen Hinweis auf Swarna, die Kriegerwitwe. Opatha ist Leiter einer Berufsschule in der benachbarten Großstadt Galle im Süden von Sri Lanka und ehrenamtlich der Vertrauensmann einer Organisation, die sich »Zentrum für kreative Antworten und Ratschläge« nennt. Dieses Zentrum ist vor Ort die Partnerorganisation des Hamburger Sri-Lanka-Vereins. Der Bürgermeister von Ahangama hatte den Lehrer auf Swarna aufmerksam gemacht: »Nach dem Tode ihres Mannes hatte sie ihr kreatives Talent zwar schon früh erkannt, aber wovon sollte sie Material kaufen, wie sollte daraus ein Geschäft werden, mit dem sie sich und ihre Kinder auf Dauer und mit Würde durchbringen könnte? Unser Kredit hat ihr geholfen, sich aus der Hoffnungslosigkeit zu befreien.«

Zum Besuch bei der Kriegerwitwe ist auch Vijaya Lathumi aus Colombo angereist, eine warmherzige, zurückhaltende Frau. Bei ihr laufen die Fäden zusammen, sie sammelt die Vorschläge, die ihr Ashoka Opatha aus Galle und sein Kollege Ranil aus Monaragala, auch er ein Lehrer, schickten. Und sie leitet die Spendengelder aus Hamburg an die Frauen in den Dörfern weiter. »Es tut ganz einfach gut, den Erfolg vor Ort zu sehen. Nehmen Sie nur Swarnas Produkte, sie zieren inzwischen ganz viele Hütten und Häuser in der Nachbarschaft und in den Dörfern der Umgebung.«

Als die Witwe beim Blick auf das Bild ihres gefallenen Mannes zu weinen beginnt, streichelt ihr Vijaya sanft über den Rücken. Vijaya ist Tamilin, Angehörige jener Volksgruppe also, gegen deren Separatisten der Staat mehr als fünfundzwanzig Jahre lang Krieg geführt hat. »Wir müssen«, sagt sie, »endlich lernen, dass es nur miteinander und nicht länger gegeneinander geht.« Nicht überall ist das uralte Misstrauen zwischen den beiden großen Volks- und Religionsgruppen, den buddhistischen Singhalesen und den hinduistischen Tamilen, einer solchen Einsicht gewichen. Zu frisch sind die Wunden des Krieges, zu nachhaltig hat sich der Konflikt, dessen Wurzeln tief in die Vergangenheit reichen, in den Herzen und Köpfen auf beiden Seiten verfestigt.

Swarna, die Näherin aus dem Dorf Ahangama, war lange Zeit eine Anhängerin des sechsten Präsidenten von Sri Lanka, Mahinda Rajapaksa. Zehn Jahre lang hing sein Bild in ihrem Zimmer. Wie andere »kleine Leute« hat sie ihn als Held der Armen verehrt. Aber gebracht hat ihr diese Verehrung rein gar nichts; Rajapaksa hat viel Geld, viele Pfründe verteilt, nur nicht an jene, die es dringend nötig gehabt hätten, vielmehr an seine engen Freunde und die vielköpfige Verwandtschaft. Nun sind die Swarnas allerorten enttäuscht, aber, entsprechend dem buddhistisch geprägten Charakter, bleiben sie geduldig und demütig und vertrauen schon wieder auf den neuen Mann an der Spitze. Und überall auf der Insel haben wieder die Astrologen, die jeden wichtigen Termin bestimmen, gut zu tun. Denn es wird so oft geheiratet wie seit Jahrzehnten nicht mehr, ein hoffnungsvolles Zeichen. Und selbst die ganz Armen würden nie zu einem solchen Fest einladen, bevor nicht der Dorfweise in den Sternen das ideale Datum gefunden hat. Auch »unsere Frauen«, wie Inga Bethke-Brenken ihre Kreditnehmerinnen nennt, profitieren vom Hochzeitstrend.

Tamara zum Beispiel, die früher so verhärmte Frau mit den Narben auf dem Arm und auf der Seele, näht fast jede Woche ein Brautkleid. Und Hasheri im Stranddorf Koggala schmückt alle paar Tage eine Weddingparty mit ihren großen Kunstblumen, rote Rosen sind dabei am meisten gefragt. Sie hat ihren Kredit in Material investiert, Seide, Plastik und riesige bunt bemalte Zimtstangen. Auch Swarnas Sohn, bald zwanzig Jahre alt, geht auf Freiersfüßen. Seine Mutter, die Kriegerwitwe, muss schon wieder weinen, wenn sie das erzählt. Diesmal aber sind es Freudentränen.

Der Elefantenflüsterer

Im Waisenhaus von Pinnawela

K. J. Sumanabanda trägt einen schmutzigen *sarong*, darüber einen Lederschurz. Er hat einen derben Stock in der Hand, der in eine Speerspitze ausläuft, eine Art Hellebarde. Mister Sumanabanda ist ein bekannter und geachteter Mann im Hochland um Kandy. Er ist auch ein glücklicher Mann, beinahe. Bisomanika, seine Frau, hat ihm vier gesunde Töchter geschenkt; ein Sohn fehlt zum vollendeten Glück.

K. J. Sumanabanda stinkt nach Elefant. Das ist kein Wunder, denn er verbringt wesentlich mehr Zeit mit den Dickhäutern als mit seiner Familie. Suma, wie wir ihn hier der Einfachheit halber künftig nennen werden, ist ein *mahout*, ein »Elefantenflüsterer«, einer, der neurotische Einzelgänger der Spezies Elephas maximus maximus sanft stimmen kann, einer, der nervöse *tusker*, das sind die großen Bullen mit den gigantischen Stoßzähnen, sicher durch das Gewoge von Fackelträgern, Tänzern und Trommlern in den Vollmondnächten lenkt, wenn die heiligsten Reliquien aus den Tempeln und Klöstern an hunderttausend und noch mehr Gläubigen vorbeigetragen werden.

Höchstens zweitausendfünfhundert »wilde« Elefanten leben noch in den Dschungeln und Naturreservaten der Insel. Weitere tausend Kolosse schleppen Baumstämme aus dem Wald, helfen beim Straßenbau, stehen in glühender Sonne am Strand Modell für Touristen oder warten, bestens versorgt, in den Tempeln auf ihren Auftritt. Keiner unterhält sich einfühlsamer mit den großen Tieren, keiner kann auf so wunderbare Weise in die dicken Leiber hineinhorchen wie Suma, der Chef von über dreißig *mahouts* im sogenannten Waisenhaus von Pinnawela, auf halbem Weg zwischen Kandy und Kurunegala gelegen. Als dieses Resort für kranke, verlassene und verstoßene Babyelefanten 1975 gegründet wurde, war K. J. schon dabei. Sein Vater war *mahout*, sein Großvater auch. Dessen Großvater war sogar oberster Elefantenversteher beim letzten König von Kandy, ein Ath Panthiya, ein Mitglied der höchsten *Mahout*-Kaste im alten Ceylon.

Auch Sumas Bruder Tharat versteht die Sprache der *aliya*, wie die Elefanten auf der Insel genannt werden. Ganesha, dem elefantenköpfigen Gott der Hindus, der gleichermaßen von den Buddhisten auf Sri Lanka geliebt und vor schwierigen Terminen um Beistand gebeten wird, sei Dank, dass wenigstens Tharat einen Sohn hat, also jemanden, der die Familientradition fortführen wird. Niemals würde es Suma oder sonst jemandem auf der Insel einfallen, einem Mädchen beizubringen, wie man störrische Dickhäuter in Bewegung bringt. »Daha«, ruft der zehnjährige Hema, Tharats Jüngster, »daha«, noch ein kleiner Kick mit den Füßen an eine bestimmte Stelle hintern rechten Ohr, dann trottet das mächtige Tier los.

Sumas Helfer haben heute Morgen schon die Ställe ausgemistet und drei »Kleinkindern« die Flasche gegeben. Zwei davon haben ihnen fröhlich den Rüssel entgegengerollt, eines aber, Sukumari, das erst kürzlich von Dörflern in Pinnawela abgegeben wurde, entkräftet und mit Geschwüren an den Beinen, wirkte apathisch und krank. Doktor Samantha Mendis, die leitende Tierärztin im Waisenhaus, weiß natürlich, welche Salben, welche Medikamente gut sind für Sukumari. Sie weiß auch, wo sie abhorchen und nachschauen muss, ob innere Organe verletzt und entzündet sind. Aber ohne einen »Dolmetscher«, ohne Suma oder einen seiner erfahrenen Kollegen, kommt sie nicht an das Tier heran, an keinen Elefanten in Pinnawela. Suma streichelt jetzt den Rüssel des Babys, massiert seine Schulter, krault seine Ohren, flüstert ihm liebevolle Worte zu: »*Hida, Sukumari, hida …!*« Und schon legt sich Sukumari hin, wie gewünscht. »*Deri, deri …*«, trink deine Milch und deine Medizin … Sukumari trinkt wie geheißen.

Suma konnte eben laufen, als sein Vater ihn zu sich auf einen Elefanten setzte. Der große Bulle gehörte einem Plantagenbesitzer. Lange bevor K. J. in die Schule kam, sprach er mit den großen Tieren, die, an Ketten gebunden, die großen Teakstämme aus dem Wald zerrten. Später zeigte sein Vater ihm die sensiblen Punkte ihrer Lebensgefährten, am Kopf, an der Schulter und vor allem am Rüssel, dem Tastorgan der Elefanten. Suma lernte schnell, wann er einem Befehl mit dem *ankus*, dem Speerstock, leichten Nachdruck verleihen musste. Dieses Wissen hat ihm später in Pinnawela geholfen, auch brenzlige Situationen zu meistern.

Als einer der später landesweit berühmt gewordenen *tusker*, »Vijaya«, der Sieger – benannt nach dem ersten Löwensohn, der die legendären Eroberer des ebenso legendären Lanka in vorgeschichtlicher

Zeit anführte –, als fünfjähriger Pflegling nach Pinnawela kam, spürte K.J. Sumanabanda sofort, dass er hier eine Vaterrolle einnehmen müsse. Vijaya war in eine Falle geraten; die Wilderer waren wohl gestört worden und hatten ihn am Leben gelassen, allerdings mit schweren Verletzungen am Rüssel. Ranger fanden den Bullen und in Pinnawela wurde er gesund, hatte Auslauf auf über zehn Hektar. Wie seine Artgenossen – derzeit werden gut fünfzig Elefanten im Waisenhaus aufgepäppelt und beschäftigt – stapfte Vijaya jeden Tag zweimal zum ausgiebigen Bad im Maha Oya, dem breiten Fluss unterhalb des Reservats, räkelte sich im kühlen Wasser, ließ sich von Suma den Rücken schrubben. Morgens um halb elf und nachmittags gegen halb vier strömen die Besucher von den Parkplätzen zum Hochufer, um solche Szenen zu fotografieren. Pinnawela gehört längst zu den Attraktionen auf Rundreisen durchs Land, ist beliebter als so manche antike Ruinenstadt.

Vijaya freundete sich mit »Kumari«, der Prinzessin, an, einer Elefantenkuh, die inzwischen auch zu einer Legende des Parks geworden ist. »Sukhumali«, die Schöne, entstand aus dieser Verbindung. Nur ein paar Monate gab Vijaya den liebevollen Vater, dann wurde er erst aggressiv, später schwermütig. Also wurde der erfahrenste *mahout* geholt: »Mister Sumanabanda, übernehmen Sie!« Zwei Monate lang, Tag und Nacht, streichelte der Elefantenflüsterer den mächtigen Bullen, sprach sanft auf ihn ein, brachte ihn tatsächlich wieder zum Gehen, Anhalten, Hinlegen. Nach fast einem Vierteljahr, als Suma ihm den sanften Befehl »*Bila*« in eines der großen Ohren hauchte, knickte Vijaya gehorsam, wie er es früher getan hatte, ein Bein zurück, hielt dem *mahout* den Rüssel hin und ließ ihn aufsitzen. Aber das Böse hatte sich in seinem Schädel festgefressen. Mit vierunddreißig starb Vijaya an einem Gehirntumor, gerade mal halb so alt wie ceylonesische Elefanten im Durchschnitt werden. Suma war bis zur letzten Stunde bei ihm.

Im Bürgerkrieg der achtziger und neunziger Jahre gerieten Hunderte Elefanten zwischen die Fronten, wurden von Minen zerrissen, erschossen, in Fallen gelockt. Elfenbeinjäger machten sich das Chaos dieser Jahre zunutze, sie jagten die Tiere, wo sie sie kriegen konnten. Es war für sie wie ein blutiges Lotteriespiel, denn nur jeder zehnte männliche Elefant auf Sri Lanka trägt überhaupt Stoßzähne. Und nur die wenigsten sind wahre *tusker*, mit Elfenbeinhauern von über zwei Metern Länge. Aber schon lange vor dem Krieg und auch nach dem Waffenstillstand musste und muss sich die klein gewordene Herde der frei lebenden Elefanten auf immer weniger Lebensraum einschränken. Die Bevölkerung auf der Insel wächst selbst für asiatische und andere Drittwelt-Verhältnisse unglaublich schnell. Die Felder wuchern in die letzten Reste des Regenwalds, und wenn dann ein paar Kolosse auf der Suche nach Futter zum vierten oder fünften Mal die mühsam angelegten Bananenfelder, die Zäune und manchmal sogar die Hütten zertrampeln, pfeifen die Landleute auf den Natur- und Tierschutz. Die Gesetze sind streng, aber die Wildhüter schlecht ausgerüstet, schlecht bezahlt und also korrupt.

Während der britischen Kolonialherrschaft galt es lange als männlich und sportlich, Elefanten zu schießen, so viele wie nur möglich. Um die Mitte des 19. Jahrhunderts, als noch drei Viertel der Insel von Urwald bedeckt waren, Heimat von zwanzig-, dreißigtausend Elefanten, renommierten weiße Jäger in den Clubs mit ihren Abschusslisten. Die singhalesischen und tamilischen *boys* und Barmixer mussten zuhören und Drinks servieren, wenn wieder einmal ein Schlachtfest begossen wurde. Für sie, die Einheimischen, waren diese Tiere zu allen Zeiten nahezu heilige Symbole für Kraft, Weisheit und, vor allem für die Buddhisten, auch für Fruchtbarkeit.

Maya, Fürstin eines kleinen Himalaya-Reiches und Mutter von Siddharta Gautama, soll der Sage nach von einem göttlichen Wesen geschwängert worden sein, das ihr im Traum als weißer Elefant erschienen war. Gleich nach der Geburt des Knaben prophezeiten die weisen Männer des Landes, dass dieses Kind einmal die Welt von Leid und Unwissenheit befreien würde. Fünfunddreißig Jahre später war aus Siddharta Gautama der Erleuchtete geworden, der Buddha. Auf den sogenannten Mondsteinen in Anuradhapura, Polonnaruwa und anderen antiken Stätten, den »Fußmatten« im Übergang zwischen materieller und sinnlich-göttlicher Ebene, stehen Elefanten im Kreislauf des Leidens für die Geburt. Und bis heute glauben viele Mahayana-Buddhisten, Anhänger einer reformierten Lehre, fest daran, dass der Buddha der Zukunft auf einem jungen weißen Elefanten in die Welt reiten wird.

Von so viel erhabener Symbolik wussten die britischen Sportleute nichts. Für sie zählten nur Prestige und Trophäen. Bis weit ins 20. Jahrhundert hinein fanden es auch bei uns manche Leute interessant, sich einen präparierten Elefantenfuß als Papierkorb oder Hocker neben den Kamin zu stellen. Hundert Jahre zuvor, um das Jahr 1840, genoss ein Major Thomas Rogers hohes Ansehen als Distriktsrichter und Rekordhalter im Töten von Elefanten: Auf tausendvierhundert Abschüsse soll er es gebracht haben.

K. J. Sumanabanda, der als Kind nur kurze Zeit eine Dorfschule besucht hat, kennt diese Geschichte. Er kennt alle Geschichten über seine Lebensgefährten. Deshalb weiß er auch, wie es mit Major Rogers weiter- oder, besser gesagt, zu Ende ging. Als sich der Jäger bei einem Tropengewitter ins Rasthaus von Haputale flüchten wollte, fällte ihn ein Blitz. Man sieht es Suma, dem sensiblen Elefantenflüsterer an, dass er diesen Tod für eine Strafe der Götter hält. Und auch die Pointe erzählt man sich gern auf der Insel, nicht nur in *Mahout*-Kreisen: Als dieser Thomas Rogers, gerade mal einundvierzig Jahre alt geworden, sein Leben aushauchte, sollen ein paar Meter entfernt, am Waldesrand, mehrere Elefanten die Rüssel gehoben und mordsmäßig trompetet haben, mindestens zehn Minuten lang.

Klicke-di-klack durchs Bergland

In großen Zügen zurück in die Vergangenheit

> »Die Karte von Ceylons Straßen und Ei-
> senbahnlinien ähnelt einem kleinen Garten
> voller dahinflitzender roter und schwarzer
> Vögel.«
>
> MICHAEL ONDAATJE,
> Es liegt in der Familie

Der 3. August 1858 war ein schwülheißer Tag mitten
in der Monsunzeit. Sir Henry Ward, Gouverneur der
Kronkolonie Ceylon, muss mächtig geschwitzt haben, als er, standesgemäß gekleidet mit schwarzem
Cut, Hut und Degen, am nordöstlichen Stadtrand von
Colombo den ersten Spatenstich für eine Eisenbahn-
route ins Hochland ansetzte. Queen Victoria saß zu
der Zeit schon einundzwanzig Jahre auf dem Thron
in England, und niemand hätte damals gedacht, dass
sie noch weitere dreiundzwanzig Jahre die Regent-
schaft über das britische Empire ausüben würde. Die
ferne Insel Ceylon, von deren Mythen und Magie
sie sich gern erzählen ließ, war ihr ein Juwel in der
Krone. Und dass es den Kaffeepflanzern, die allesamt
ihre Untertanen waren, so gut ging wie nie zuvor
(und auch wie nie wieder danach, denn schon zwölf
Jahre später zerstörten Ratten und, schlimmer noch,
ein Rostpilz die Plantagen), das freute die Königin
und erst recht die Banker und Börsianer in London.
Es war also nicht schwer, staatliche und private In-

vestoren für ehrgeizige Eisenbahnpläne zu finden: Zweihundertachtundfünfzigtausend Pfund Sterling kostete das erste Teilstück – vierundfünfzig Kilometer bis Ambepussa. Als schließlich, am 26. April 1867, nach ingeniösen Meisterleistungen und weiteren achthunderttausend Pfund Sterling, der Premierenzug von Colombo nach Kandy dampfte, gut hundertzehn Kilometer von null auf über fünfhundert Meter Höhe, durch Urwälder und über Brücken, die noch heute als Wunderwerke der Technik gelten, konnte die Plantagenwirtschaft – kurz vor ihrer Umwandlung in Tea Estates und Gewürzgärten – endgültig zur vollen Blüte gelangen. Ingenieure wie W. T. Doyne und Captain Moorsum hatten mit ihren Leuten dem Fieber getrotzt, den wilden Tieren, die es damals auch zwischen Colombo und Kandy noch reichlich gab, und den Naturgewalten. Es war eine weit größere Herausforderung, hier in Asien eine Eisenbahn durch dichten Urwald die Berge hochklettern zu lassen, als sie, wie ein paar Jahre zuvor, zwischen Liverpool und Manchester oder zwischen Nürnberg und Fürth auf einen geraden Schienenstrang zu setzen.

*

Gunana Prakasam ist Pensionär. Wir sitzen nebeneinander im *observation car* auf der Bahnreise nach Kandy. Der alte Herr, liebenswürdig und höflich, hat mir seinen Fensterplatz überlassen; er ist unterwegs zu seiner Tochter, die in ein Dorf im Bergland geheiratet hat. Gunana Prakasam hat über vierzig Jahre bei der Post gearbeitet, zuerst als Briefträger, schließ-

lich im gehobenen Dienst, als Leiter eines Zustell-
bezirks im Stadtteil Wellawatte. Etwa sechzig Euro,
umgerechnet, hat er dort zuletzt verdient. Jetzt, zehn
Jahre später, lebt er mit seiner Frau in einer kleinen
Wohnung, nicht weit von der alten Arbeitsstelle entfernt. Er bekommt neunzig Prozent seiner früheren
Bezüge, eine gute Pension in diesem Land. Und er
darf, weil er ein Leben lang dem Staat gedient hat,
die Eisenbahn so gut wie kostenlos benutzen, auch
in der ersten Klasse, auch im Aussichtswagen, den
ansonsten vorwiegend Touristen buchen.

Das tut Herr Prakasam gern und oft. Zwar hat
er als alter Postler natürlich Briefmarken gesammelt,
aber wirklich wichtig, das sagt er selbst, war ihm sein
anderes Hobby: Gunana Prakasam ist Eisenbahn-
freak, ein Kenner der Geschichte dieses Verkehrs-
mittels, ein korrekt gekleideter und bescheidener
Abenteurer des Schienenstrangs.

Wir waren in aller Herrgottsfrühe im Gewühl
des Hauptstadt-Bahnhofs Fort ins Gespräch gekommen. Beide mussten wir uns an den Menschenmas-
sen vor den Schaltern der dritten Klasse vorbeidrän-
gen (zweihundertfünfzigtausend Sri Lanker fahren
jeden Tag mit der Bahn, die meisten von Colombo
aus). Im Aussichtswagen war es noch dunkel, als
wir unsere Plätze suchten. Erst als, wie jeden Tag
um sieben Uhr, die Lokomotive den Zug ruckelnd
aus der Station schob, ging auch im *observation car*
das Licht an. Langsam und mit dröhnenden Signalen
rollte der Kandy-Express in den Morgen, vorbei an
den Vororten der kleinen Leute, an Schranken, vor
denen sich die Fahrradpulks stauten, schon bald an
Reisfeldern, auf denen gerade die *Maha*-Saison be-

gonnen hatte, die große Frühjahrsernte. Hütten unter Palmen, Ochsenkarren im Schlamm, Dreirad-Taxis mit umfangreichen Moslemdamen oder mit ganzen Gruppen von Schulkindern überbelegt, Lastenträger, barhäuptige Mönche in ihren gelben Roben, den Regenschirm achtsam über dem Arm.

In Gampaha hält der Zug das erste Mal, und als ich mich wundere, dass kaum jemand aus- oder einsteigt, flüstert mir Herr Prakasam hinter vorgehaltener Zeitung zu, dass der Express nur stoppt, weil hier die ehemalige Premierministerin Sirimavo Bandaranaike zu Hause war. Die ist zwar schon im Jahre 2000 gestorben, aber ihre einflussreiche Familie wohnt hier immer noch. Herr Prakasam, der zurückhaltende Tamile, kommentiert das nicht, und doch ist klar, wie seltsam er diese Ehrerbietung über so viele Jahre hinweg findet. Ich wende ein, dass doch auch der Flughafen von Colombo nach ihr oder nach ihrer Familie benannt ist und sie doch immerhin der erste weibliche Regierungschef der Welt war.

Mein Reisegefährte unterhält sich gern mit mir und in gutem Englisch, aber nicht laut; am liebsten spricht er über Brücken, Tunnel und Viadukte, über 2'C-Maschinen und Tenderloks, wie sie beim Touristenzug Viceroy Special noch hin und wieder eingesetzt werden. Erst als ich ein paar Worte auf Tamil sage, erzählt der alte Mann etwas mehr von sich und seiner Familie. Es hat ihn wohl gefreut, dass ich seine Herkunft an seinem Familiennamen erkannt habe (am Aussehen kann kaum ein Ausländer Singhalesen und Tamilen auseinanderhalten). Die Eltern und alle anderen Vorfahren von Gunana Prakasam haben jahrhundertelang als Gemüsebauern auf der

Jaffna-Halbinsel gelebt. Im Bürgerkrieg, Anfang der neunziger Jahre, gingen dort oben im Norden alle Höfe und Häuser seiner Verwandten, auch sein Erbe, in Flammen auf. Auf dem Land seiner Altvorderen hatten erst die *boys*, die jungen Terroristen der Tamil-Tiger-Bewegung, ein Ausbildungscamp errichtet. Später bauten Regierung und Rotes Kreuz dort ein Flüchtlingslager.

Für meinen Eisenbahnfreund ist das längst Geschichte, wie er sagt. Er hat die schlimmen Jahre überlebt, seine Frau, seine Kinder sind gesund geblieben, das allein zählt. Und er betont, vielleicht eine Spur zu beflissen, dass seine singhalesischen Nachbarn und Kollegen ihn nie im Stich gelassen hätten. Gleich darauf zeigt er aus dem Fenster, deutet auf die tief eingeschnittenen Täler, auf immer steilere Reisterrassen.

Alle zweiundzwanzig Passagiere des *observation car* hängen am Fenster, atemlos, als sich der Zug im Klicke-di-klack-Rhythmus über den Pass von Ihalakotte quält. Auch der Bible Rock, ein Tafelberg, der wie ein graues aufgeschlagenes Buch aus dem dunklen Grün des Urwalds ragt, lässt die kleine Gemeinschaft, die sich immer lebhafter im Sturm der Deckenventilatoren die Wunder vor dem Fenster zuruft, staunen.

In Peradeniya Junction, kurz vor Kandy, steigt Herr Prakasam aus; den restlichen Weg zu Tochter, Schwiegersohn und jüngstem Enkel wird er mit dem Bus zurücklegen. Vorher habe ich ihm noch erzählt, wie ich früher manche Bahnfahrten durchs hohe Bergland – von Badulla oder Bandarawela bis Nanu Oya zum Beispiel – erlebt habe. Damals, Mitte der achtziger Jahre, waren die Bahnsteige im Teeland vor lauter Menschen zuweilen kaum zu sehen, besonders oft geschah dies in Haputale, im Zentrum des Plantagenlands. Kreischende, weinende Frauen drängten sich um Familien, die mit ärmlichen Bündeln in die Abteile der dritten Klasse drängten.

Es waren tamilische Tagelöhner, Teepflücker zumeist, die nach Indien ausreisten, in eine ungewisse Zukunft. Millionen indischer Vertragsarbeiter, einst von den Briten ins Land geholt, hatten noch Jahrzehnte nach der Unabhängigkeit der Insel (1948) keinen ceylonesischen Pass und erst recht keinen indischen. Als Indira Gandhi für ihre »Landsleute« dann doch eine Rückkehrmöglichkeit ausgehandelt hatte, wollten aber nur dreihunderttausend *Indian Tamils*, wie sie in Sri Lanka genannt werden, in die Heimat ihrer Vorfahren zurück. Letztlich machten sich nicht einmal hunderttausend Südinder über die Palkstraße auf ins benachbarte Tamil Nadu.

Das Leben auf der schönsten Bahnstrecke durch die Berge, eine der spannendsten in ganz Asien, spiegelt das Leben draußen wider: in den Feldern und den tristen Straßendörfern mit ihren schmucklosen Tempeln und dem einfachen Angebot der Kramläden. Da kauern Mütter mit kleinen Kindern auf den Freiluft-Austritten zwischen den Waggons, vielleicht auf dem Weg ins nächste Krankenhaus. Fromme Hindus, mit drei waagerechten weißen Strichen auf der Stirn und dem »Dritten Auge« über der Nasenwurzel als Shiva-Anhänger ausgewiesen, fahren ein paar Stationen mit; ihr Ziel mag ein Tempelfest sein, irgendwo am verregneten Ende der Welt.

In der zweiten Klasse nähern sich einheimische und ausländische Fahrgäste ziemlich schnell an. Vor allem die Schulkinder sind es, die anfangs schüchtern, aber schon bald neugierig nach dem Woher und Wohin fragen. Fotos von zu Hause werden kichernd herumgereicht (besonders gut kommen Winterbilder an, mit Schneemännern und weißen Landschaften). Tee- und Erdnussverkäufer ziehen klingelnd und schreiend durch den Zug. Im Imbisswagen werden knusprige *rotis* gebacken, Fladenbrote aus Kokosflocken und Reismehl. Schwitzende, fröhliche Köche formen sie zu Klumpen in Golfballgröße, schütten *Curry*-Sauce drüber und dunkel geröstete Gewürze von höllischer Schärfe. Serviert wird auf Zeitungspapier.

Vor achtzig Jahren allerdings müssen die Eisenbahnabenteuer von anderem Kaliber gewesen sein. Michael Ondaatje, kanadischer Schriftsteller tamilisch-singhalesisch-holländischer Herkunft und wunderbarer Erzähler ceylonesischer Schicksale und Skurrilitäten, berichtet jedenfalls über seinen Vater, »der sein ganzes Leben mit einer Besessenheit für die Eisenbahn geschlagen zu sein schien …«: »Es begann ganz harmlos. Als er etwa Mitte zwanzig war, zog er seine Armeepistole, scheuchte einen erschrockenen Offizierskameraden unter den Sitz, wanderte durch die schlingernden Waggons und drohte, den Lokführer zu erschießen, wenn er den Zug nicht anhielte. Der Zug hielt um halb acht in der Frühe fünfzehn Kilometer außerhalb von Colombo. Mein Vater erklärte, er erwarte sich eine angenehme Reise, und wollte, dass sein guter Freund Arthur von Langenberg, der den Zug verpasst hatte, sie gemeinsam mit ihm genoss … Nach zweistündiger Verspätung kam Arthur … mein Vater steckte die Pistole weg und der Zug setzte seine Fahrt nach Trincomalee fort.«

Womöglich haben die Veranstalter einer Nostalgiereise mit dem Viceroy Special an solche Eventualitäten gedacht, als sie nicht nur »den gelegentlichen Einsatz von alten Dampftriebwagen auf Schmalspurgleis-Reststücken« versprachen, sondern vor ein paar Jahren allen Ernstes auch versicherten: »Die Reise ist so angelegt, dass man relativ bedenkenlos auch seine Frau beziehungsweise Freundin mitnehmen kann.«

Die Reise nach Jaffna

Trauer, Trotz und ein schwacher Trost

Diese Geschichte beginnt im Februar 1983, wenige Monate vor den nächtlichen Hetzjagden auf alle Tamilen in Colombo, mit denen der Bürgerkrieg seinen Anfang nahm. Wir waren lange in Richtung Norden gefahren. Bei Anuradhapura hatte das Land tropisch grün und voller Zauber gewirkt. Hinter Vavuniya, wo ein paar Jahre später die Zeltstädte für die Flüchtlinge aufgebaut werden sollten, leuchtete keine *dagoba* mehr aus der trockenen Ebene, kein legendengekrönter Hügel, kein Stausee aus der Zeit der großen Könige. Die Farben waren stumpf geworden, so lähmend wie die Hitze.

In Murugandi hatten sich die Lastwagen am Straßenrand gestaut, auch einige Busse hielten dort für eine Weile. Fahrer und fast alle Passagiere gingen zu einem mächtigen Palmenbaum. Um den Stamm herum war eine Hütte gebaut, vor der ein Feuer brannte. Diese Flamme schien den Menschen, die hier zusammenströmten, heilig zu sein. Die Kokoshütte war ein Hindutempel, hier begann das Land der Tamilen.

Die Gläubigen kauften sich Kokosnüsse, um sie auf einem Stein zu zerschlagen. Aus der Art, wie die Schale zerplatzte, konnten sie erfahren, ob ihnen dieser Tag, diese lange heiße Fahrt nach Jaffna, Glück bringen würde. Sie gingen im Uhrzeigersinn um die Hütte herum, nahmen von einer milchigen Flüssigkeit, die mit einem Holzscheit auf dem Stein verteilt wurde, etwas auf den Zeigefinger und malten sich Glück verheißende Zeichen auf die Stirn und an den Hals. Ein letzter Schritt zum Feuer, die Hände wurden vor der Brust gefaltet, dann setzten die Hindus ihre Reise fort.

Param, ein tamilischer Freund, hatte uns in ein Dorf bei Jaffna gebracht. Er kannte dort eine Familie, die einen in Frankfurt lebenden Sohn und Bruder hatte. Wir hatten ein paar Wochen zuvor Kontakt mit ihm gehabt; jetzt sollten wir Grüße und ein paar Nachrichten überbringen. Wir waren mit Blütenkränzen empfangen und mit Tee und Mangos bewirtet worden. Auf dem Markt hatte es Gemüse im Überfluss gegeben, Auberginen, Bohnen, Bananen, Granatäpfel. Im Dorfladen trafen sich die Alten und die Frauen, man schwatzte über die Ernte und nahm erschrocken zur Kenntnis, dass die Astrologen blutrote Wolken über dem Land aufziehen sahen.

Wir hatten die Familie des »Frankfurters« zum Picknick an den Casuarina Beach eingeladen. Sie hatte sich revanchiert und war mit uns in einer Vollmondnacht zu einem Tempelfest am Stadtrand von Jaffna gefahren. Schwitzende, lachende Männer hatten riesige Götterfiguren an armdicken Seilen durch die Straßen gezogen, heilige Silben gerufen und ihre Fackeln dazu geschwenkt.

In den Dörfern hatten wir den Frauen zugeschaut, wie sie mit ihren Zink- und Tontöpfen an den Hüften oder auf dem Kopf den weit auseinanderliegenden Brunnen zugestrebt waren; nördlich vom Elefantenpass gibt es wenig Süßwasser. Und dann waren wir irgendwann auf das Inselchen Kayts gekommen, und weiter auf das nächste Inselchen. Von dort hatte uns eine hölzerne, altersschwache Fähre nach Delft gebracht, zu einer Insel, auf der damals tausend Menschen lebten und ein paar Dutzend wilder Ponys, Nachkommen jener Pferde, die die Holländer vor Jahrhunderten hier vergessen hatten. Es gab eine verfallene Festung aus der Zeit der Portugiesen, die vor den Holländern dort gewesen waren. Sie hatten hier nichts gefunden, kein Gold, keinen Pfeffer, kaum Heiden, die zu bekehren sich gelohnt hätte, nur Sand und Steppe.

Es waren schon immer entlegene Welten gewesen, diese Inseln in der Palk-Bucht, nicht mehr Sri Lanka, noch nicht Indien. Wir hatten einen kleinen Trecker gemietet, von dem wir angenommen hatten, er sei für eine Fahrt durch das Nirgendwo geeignet. Mitten in der Wüstenei mussten sich wohl Radmuttern gelöst haben, eine Achse brach. Wir waren danach eine Stunde lang durch die flirrende Hitze gelaufen, bis zu einem Busstopp in der Einsamkeit. Dort hatten wir einen Hindupriester getroffen, einen heiligen Mann in safranfarbener Robe, der über der Brust die Schnur des Zweimalgeborenen trug.

Dieser Brahmane hatte uns überredet, mit ihm nach Nainativu überzusetzen, ein weiteres Inselchen hinterm Horizont. Der Priester und wir, die wir spontan zu Ehrengästen erklärt worden waren, wurden mit Blumengirlanden und Schellenmusik empfangen. Vor dem Tempel hatten sich Tausende weiß und orange gekleidete Pilger gedrängt, Frauen zumeist, und fast alle hatten Säuglinge auf dem Arm. Es waren buddhistische Frauen und Hindu-Tamilen, einfache Landleute. Sie hielten ihre wenige

Tage alten Kinder der fischköpfigen Göttin Menakshi entgegen, einer Erscheinung Parvatis, der Gattin Shivas. Und Menakshi, deren wichtigster Tempel in der heiligen Stadt Madurai, drüben in Tamil Nadu, jedes Jahr Millionen anzieht, hatte damals alle gesegnet: die Kinder Buddhas und die Kinder Shivas, womöglich auch uns, die wir die Vorhersagen der Astrologen schnell vergessen hatten.

*

Flughafen Jaffna, Jahrzehnte später, kurz nach dem offiziellen Ende des Bürgerkriegs, in der Hitze des Sommers. Thayaparan, Fahrer und Vertrauensmann tamilischer Freunde, holt mich ab. Er ist siebenunddreißig Jahre alt, hat von 1992 bis 1995 in Jaffna studiert. Danach war ein Studium im Norden nicht mehr möglich. Das Haus seines Vaters war zerstört, ein Bruder kämpfte widerwillig bei den Rebellen, den Tigern. Die Eltern und drei Brüder zogen in ein Flüchtlingslager im »Vanni«, der Tamilenregion südlich der Halbinsel Jaffna. Sie erkrankten alle an Malaria, und Thayaparan, der inzwischen in Peradeniya bei Kandy lebte, schmuggelte Medizin ins Lager. Er musste sie auf dem Schwarzmarkt kaufen, eine Tablette für zwanzig Rupien; vor dem Krieg hatte das Medikament weniger als eine Rupie gekostet.

Jaffna, über lange Zeit eine fast tote Stadt, lebt wieder, allerdings Lichtjahre entfernt vom Boom und Glamour Colombos. Es sieht aufgeräumt aus, die Trümmer sind beseitigt, das Misstrauen gegenüber der Zentralregierung aber nicht. Noch immer gehören mehr Soldaten als im Süden zum Straßenbild. In ländlichen Regionen sind sie in Camps gezogen, die mit Mauern umschlossen sind und somit wie für die Ewigkeit eingerichtet wirken.

Auch die neue Regierung zollt dem weit verbreiteten Chauvinismus vieler Singhalesen Tribut. Man argumentiert, dass man zwar die Terroristen besiegt habe, man aber wachsam bleiben müsse. Im Ausland sei die LTTE noch immer aktiv.

Auf dem langen Landweg in den Norden, vor allem in und um Kilinochchi, stößt der unbedarfte Reisende auf unzählige Siegesmonumente, eines abstoßender als das andere. Sie sollen den Triumph des Südens über die tamilischen Freischärler hochhalten – für Singhalesen ein beliebtes Ausflugsziel, für das sie strapaziöse Anfahrten in Kauf nehmen.

In Jaffna wird der Besucher freundlich zurückhaltend, fast staunend gegrüßt. Gespräche entwickeln sich nur zögernd. Das Fort, einst die bedeutendste Sehenswürdigkeit, wird zwar Stein für Stein wieder aufgebaut. Aber noch wirkt alles museal, künstlich. Der Charme der alten Hindu-Metropole von einst, man muss lange danach suchen. Aber mehr und mehr setzen sich Trotz und Zuversicht durch, der schwache Trost, dass es nur besser werden könne, beherrscht die Gespräche.

Das Land um Jaffna wirkt ausgelaugt. Aber der Rasen zwischen den Gräbern auf dem Friedhof der »LTTE-Helden«, der toten Tiger-Rebellen, grünt frisch und saftig. Auch die Blumenrabatten stehen in leuchtenden Farben, von Sprenklern bewässert. Mehr als zwanzigtausend Kämpfer liegen hier begraben, die meisten in Massengräbern. Nur ihr Name, ihr Kadergrad und der Tag ihres Todes, alles in tamilischer Schrift, erinnern an sie. Ihr Alter hat man nicht aufgeschrieben; viele waren noch Kinder, von der Schulbank in den Schützengraben gezerrt, zwischen zwölf und sechzehn Jahre alt.

Nichts von der tropischen Vielfalt des Südens leuchtet aus dem Staubgrau, das die Region Jaffna wie eine Folie einhüllt. Aber die Bibliothek, ein blendend weißer Protzbau im Mogulstil, zwischen dem Uhrturm und der völlig zerstörten Festung aus portugiesisch-niederländischer Zeit, glitzert wieder wie eine Fata Morgana. Hunderttausend Bücher waren in Flammen aufgegangen, als am 1. Juni 1981 der Mob das Gebäude angezündet hatte.

Am Platz vor dem Neubau, der wieder dreißigtausend Werke beherbergt, wartet Yathusan häufig auf Kundschaft. Er ist *Tuk-tuk*-Fahrer. Seine dreirädrige Motor-Rikscha hat er vor zwei Jahren für etwa achthundert Euro aus zweiter Hand gekauft. Damals war er neunzehn und der Job als Gehilfe in der Schneiderei seines Vaters hatte ihm keinen Spaß mehr gemacht. Er wollte Leute kennenlernen, interessante Fahrgäste. Aber die Touristen, auf die er gehofft hatte, kamen nicht bis Jaffna. Und die Ausländer, die hier arbeiten, die Ingenieure, Ärzte und Geldverteiler der internationalen Hilfs- und Entwicklungsindustrie, sie fahren meistens in ihren schweren Geländewagen und mit Chauffeuren über Land.

An guten Tagen sind es zwanzig, auch mal dreißig Passagiere, die Yathusan zum Markt bringt, zum Tempel, in einen der Vororte, wo die Gästehäuser der internationalen Organisationen stehen. Aber es gibt zu viele Tage, an denen er vergeblich auf nur einen einzigen Fahrgast wartet. Dann spielt er Volleyball mit seinen Freunden oder er legt sich auf die abgewetzten Sitze seines Vehikels und träumt von Kanada. Dort wohnt sein Onkel, und ein Cousin schreibt manchmal eine Karte aus Australien. Das *tuk-tuk* hat eine Bank finanziert, der Vater hat dafür mit seiner Werkstatt gebürgt. Es wird wohl noch zwei Jahre dauern, bis alles abbezahlt ist.

Es ist, als zöge der Fahrtwind auf der kleinen Reise mit Yathusan die Folie von der Halbinsel. Dieser Wind weht uns auch die Gerüche Indiens in das offene Dreirad-Taxi. Die Szenen in den Dörfern erinnern an Tamil Nadu, die indische Provinz, die so viel näher liegt als Colombo, als überhaupt das königlich leuchtende Land der Buddhisten im Süden. Auf einmal sind da wieder die vertrauten Bilder vom Subkontinent nebenan: dunkelhäutige, abgearbeitete Frauen, die an den Brunnen warten, Frauen, die schwer an ihren Wasserkrügen tragen und andere, die lächelnd vor ihren Hütten hocken und den Reis stampfen.

In Kantharodai, ein paar Kilometer nördlich von Jaffna, quellen fünfzig *stupas*, uralte Heiligenschreine, wie Kalksteinblasen aus einem grasüberwucherten Brachland. Lange vor unserer Zeitrechnung haben Singhalesen hier, wie auf dem Adam's Peak, einen Fußabdruck verehrt, den sie Buddha zuschrieben. Dieser Tempel im Land der Tamilen geriet in Vergessenheit, aber nun auf einmal, nach Hunderten von Jahren im Abseits, soll eine *dagoba* gebaut werden, soll neues buddhistisches Leben einziehen. Die Tamilen aus der Nachbarschaft sind nicht glücklich über diese Pläne aus dem Süden. Ihr eigenes Heiligtum, dem Gott Shiva, Zerstörer und Erneuerer, im dicht bevölkerten Hindupantheon geweiht, hat die Armee im Krieg zerstört, es ist noch nicht wieder aufgebaut.

Ein anderer, unzerstörter Hindutempel, in Vallipuram, nicht weit vom Leuchtturm Point Pedro entfernt, soll zweitausend Jahre alt sein. Drückende Hitze lastet über dem Platz vor dem Torturm. Im Eingang zur »Garage« für die großen Tempelwagen, die demnächst in den Vollmondnächten herausgezogen werden, dösen Katzen vor sich hin. Männer mit freiem Oberkörper, aus dem die Rippen drängen, schleppen sich durch den Staub, und Krähen scheuchen hin und wieder magere Hunde auf, die im Schatten eines riesigen Bodhibaums lagern.

Wir laden Yathusan zu einer Teepause ein, und er revanchiert sich mit ein paar der besten Mangos der Welt. Es war ein guter Nachmittag für uns und für ihn, den *Tuk-tuk*-Fahrer. Deswegen beschließen wir den Tag am berühmten Kandaswami-Tempel im Vorort Nallur, dem wichtigsten Pilgerziel aller Hindus in Jaffna. Seit über fünfhundert Jahren beten sie hier, nur einmal nachhaltig gestört von den Portugiesen, die im 17. Jahrhundert Feuer an das Heiligtum legten. Auch hier wartet ein gewaltiger Tempelwagen darauf, zu den großen Feiern an Vollmond durch die Nachbarschaft gezogen zu werden. Hunderttausende säumen dann die Straßen. Sie alle hoffen auf ein bisschen Glück und Frieden, das ihnen ausgerechnet der Kriegsgott bringen soll. Im Süden wird er Kataragama oder Skanda genannt, im Norden haben die Gläubigen noch mehr Namen für Ganeshas kleinen Bruder. Sie verehren ihn zum Beispiel als Subramaniam, wie drüben, am indischen Ufer der Palk-Wasserstraße.

Lastwagen stoppen für ein paar Minuten auf dem großen Platz vor dem Tempel; ihre Fahrer springen aus dem offenen Führerhaus, heben die Arme über den Kopf wie zum Sonnengruß, andere halten die Hände kurz über die Flamme, die vor dem *gopuram*, dem Torturm, aus einer eisernen Schale lodert. Und fast alle zerschmettern Kokosnüsse auf einem Stein, prüfen genau die zersplitterten Schalen, machen segnende Bewegungen zwischen der kaputten Kokosnuss, der ewigen Flamme und dem Kühler ihres schweren Trucks. Auch Yathusan wirft eine harte Nuss in viele Stücke, freut sich über das Ergebnis, »wäscht« seine Hände im Feuer und trägt den Segen zu seinem *tuk-tuk*, das ihn so mühsam nur ernährt. Vielleicht ist er heute einen Schritt weitergekommen auf seinem Weg nach Kanada.

»Höret, ihr Mönche, der Weg ist gefunden ...«

»Little Buddha« im Höhlentempel von Dowa

Wir waren früh aufgebrochen und die Berge in Serpentinen hinuntergefahren, von der Wolkenstadt Nuwara Eliya über Hakgala durch die Teeplantagen ins Land der vielen Wasserfälle. Padmasiri, ein bedächtiger Chauffeur und weiser, scharfsichtiger Entdecker der kleinen Kostbarkeiten des Alltags, hatte unterwegs auf Weihnachtssterne in Baumhöhe gezeigt, auf Orchideen, die sich zwischen Baum und Borke eingenistet haben, auf Hügel, überwuchert mit hüfthohem Guatemala-Gras. Dort erholt sich ausgelaugter Boden von jahrelanger Teebepflanzung. Nach ein bis zwei Jahren Pause wird wieder Camellia sinensis gesetzt, der Teestrauch, der schon bald gestutzt werden muss, bevor er sich am Boden verzweigt und in die Höhe schießt.

Reisterrassen, Kautschukgärten, lichte Pinienwälder, Reste jahrtausendealten Regenwalds, ein Teeteppich, der bis zum Horizont reicht: Es ist ein traumschönes Land. In Keppetipola trinken wir in einem bescheidenen *tea shop* eine Ceylon-Mischung, wie man sie in den Hotels an der Küste kaum mehr bekommt: heiß, süß, mit Milch und Kardamom aufgekocht. Es ist ein ärmliches Dorf, mit einem Hindutempelchen im Zentrum, einer Bretterbude, in der Kokosseile und Kernseife, Kaugummi und Kekse verkauft werden.

Padmasiri hat hier absichtsvoll gehalten; die Teepause hätten wir auch in Bandarawela machen können, zum Beispiel im Orient Hotel, das eine Terras-
senplattform zum »Biergarten« erklärt hat. Aber hier
in Keppetipola, im Herzen der Uva-Bergprovinz,
hatten sich 1818 zum letzten Mal singhalesische Frei-
heitskämpfer gegen die Briten erhoben – vergeblich.
Sie starben den Opfertod, ein kleines Denkmal erinnert an den verzweifelten Versuch, die Kolonisatoren
aus dem Königreich Kandy zu vertreiben. Nur ein
paar Kilometer weiter, in Randeniya, hatten übrigens
zweihundert Jahre zuvor andere Aufständische mehr
Erfolg: Die Singhalesen besiegten in dem schwer zu-
gänglichen Gebiet eine portugiesische Armee. Den
Kopf des Generals de Saa schickten sie dem Gouverneur in Colombo. Die Portugiesen blieben danach
nicht mehr lange auf der Insel, aber es folgten um-
gehend die Holländer.

Von Bandarawela aus schraubt sich die Landstra-
ße Nr. 16 durch die Schlucht von Ella dem Himmel
entgegen. Es ist früher Vormittag, wir sind gut in
der Zeit und Padmasiri hat eine Überraschung im
Sinn. Sechs, sieben Kilometer weiter nördlich bremst
er den Wagen ab. Rechter Hand, auf einem dunklen
Fels, thront eine kleine schneeweiße *dagoba*. Ein paar
Schritte um den Berg herum, dann stehen wir vor
dem Buddha von Dowa, einer mächtigen Figur in
segnender Haltung, fast neun Meter hoch. Lächelnd
und entspannt, so wirkt es, lehnt der Erleuchtete am
Berg. Es ist eine Hochreliefstatue, in einem Stück aus
dem Stein gemeißelt, vielleicht vor tausend Jahren,
wie der Baedeker behauptet, vielleicht auch erst vor
dreihundert, wie andere Quellen meinen.

Ein Mönch tritt zu uns und lädt uns in den Höhlentempel ein. Nyanaratne Thera Bhikkhu ist sein Name und zugleich sein Titel. *Bhikkhu*, ein Wort aus dem heiligen Pali, so nennen sich die Mönche der Theravada-Glaubensrichtung, der konservativen, auf Buddhas ursprüngliche Lehre zurückgehenden »Schule« des Buddhismus, wie sie in Thailand, Myanmar, Laos und, ganz besonders konsequent, auf Sri Lanka gelebt wird. »Achtsam« und mit »rechter Gesinnung«, wie es die Tradition vorschreibt, deutet er auf farbig ausgemalte Buddhastatuen und Wandbilder in den drei Kammern der Felsenhöhle. Auch Vishnu, der Hindugott, der den Buddhisten Sri Lankas als Hüter des Glaubens auf ihrer Insel gilt, wird hier verehrt, daneben der elefantenköpfige Ganesha, Überwinder aller Hindernisse, und sein Bruder Kataragama, der Kriegsgott, beides Söhne des großen Shiva.

Wir folgen Nyanaratne immer tiefer in die dunklen Felsfluchten unter dem Berg, verlieren uns in den Labyrinthen des Glaubens und der Zeit. Der junge Mönch erzählt von seinem Dorf und seinem Alltag, Padmasiri übersetzt. Über eine Stunde lang sind wir zu dritt, ungestört, auf angenehme Weise der Welt entrückt. Kein Reiseführer widmet diesem Felsenkloster mehr als sechs Zeilen.

Fünf *bhikkhus* leben in Dowa, fünf von etwa vierzehntausend in Sri Lanka, die sich auf mehr als fünftausend Klöster verteilen, die frommen Einsiedler in den Wäldern, auf Berggipfeln und Inselchen nicht mitgezählt. Nyanaratne lebt seit dreizehn Jahren in diesem kleinen Kloster. Aber erst seit ein paar Monaten, seit seinem zwanzigsten Geburtstag, gehört er dem *sangha*, der Gemeinschaft aller Mönche, sozusagen als Vollmitglied an. Sein Vater ist Reisbauer, seine Mutter hilft auf dem Hof, ebenso wie zwei Schwestern und ein Bruder, alle drei jünger als der Mönch. Zwei Jahre lang, bis zu seinem neunten Geburtstag, lernte er die Grundlagen von Buddhas Lehre kennen und verstehen, die »vier edlen Wahrheiten« – vom Leiden, das uns von der Geburt bis zum Tode begleitet, von der Ursache des Leidens, vom Verlöschen allen Leidens, vom Weg, der zu dieser Erlösung führt.

Nyanaratne hat schon als Kind den achtfachen Pfad studiert, symbolisiert durch das Rad, mit dem der historische Buddha einst die Lehre »ins Rollen« gebracht hat, vor zweitausendfünfhundert Jahren im Norden Indiens. Überall in der buddhistischen Welt, von Tibet bis Tokio, von der Wüste Gobi bis zur Insel Lanka, schmückt dieses Rad mit den acht Speichen – *dharmachakra* – die Tempel und Klöster einer asiatischen Weltanschauung, die längst auch im Westen immer mehr Anhänger findet.

An seinem fünfunddreißigsten Geburtstag, nach sechs Jahren Einsamkeit, Askese und vergeblicher Sinnsuche, hatte der Fürstensohn Siddharta Gautama unter einem Feigenbaum die Erkenntnis gewonnen, dass nur der mittlere Weg der richtige sein kann. Einige Wochen nach dieser Vollmondnacht berichtete er fünf früheren Weggefährten im Gazellenhain von Sarnath, unweit der heiligen Hindustadt Benares (heute Varanasi), von seiner Erkenntnis: »Höret, ihr Mönche, der Weg ist gefunden …«

Erst die vierte der »edlen Wahrheiten« bringt, so der große Meister aus dem Himalaya, das Rad der

Lehre richtig in Schwung: »Dies, ihr Mönche, ist die heilige Wahrheit auf dem Wege zur Aufhebung des Leidens. Es ist dieser achtteilige Pfad, der da heißt: rechter Glaube, rechte Gesinnung, rechte Rede, rechte Tat, rechtes Leben, rechtes Streben, rechtes Gedenken, rechte Selbstversenkung ...«

Unser junger *bhikkhu* erklärt fröhlich und verschmitzt die grellbunten Bildlegenden an der Felswand, die Stationen und Taten aus dem Leben Buddhas für das Volk sichtbar und verständlich machen. Auch in die große Inselchronik, die »Mahavamsa«, hat sich der Klosterschüler vertiefen müssen. Nach dieser uralten Überlieferung hat Buddha dreimal am Teich der roten Lotusblüten meditiert und gelehrt. Keinem Gläubigen auf der märchenhaften Insel macht es etwas aus, dass sich Siddharta Gautama, der historische Buddha, erwiesenermaßen nur zwischen Himalaya und Gangestal bewegt hat; um Glauben geht es hier, nicht um Wissen. Also zieht, ein Beispiel nur, auch weiterhin die große Kuppel von Kelaniya bei Colombo jeden Tag mehr als tausend Gläubige an. Denn unter dieser *dagoba* steht ja der goldene Stuhl, auf dem Buddha bei seinem zweiten Besuch im alten Lanka gesessen hat, wie der Mythos weiß.

Der Mönch Nyanaratne, der jüngste im Kloster Dowa, hat Mathematik in einer größeren Klosterschule gelernt, er kann die alten Könige von Anuradhapura und Polonnaruwa aufzählen, er spricht Tamil, hat Computerkurse belegt und will demnächst sein Englisch verbessern. Zwei- oder dreimal im Jahr steigt er in den Bus und fährt in sein Heimatdorf bei Badulla. Dort leben seine Eltern und Geschwister. Sie sind stolz auf ihren Sohn und Bruder. Er bringt ihnen viel Ansehen. Zu Hause, in seinem Heimatdorf, besucht der *bhikkhu* Freunde aus Kindertagen, hört mit ihnen die Musik seiner Generation, und natürlich studiert er die Cricket-Tabellen der Bergprovinz.

Bezahlte Arbeit, gar außerhalb des Tempels, darf Nyanaratne nicht annehmen. Ein Rasiermesser, ein Wassersieb (um kleine Lebewesen aus dem Trinkwasser zu filtern und somit zu retten), Nadel und Faden, sein Lendengurt und eine Kette mit hundertacht Kugeln zum Rezitieren der heiligen Vorschriften: Mehr »besitzt« Nyanaratne nicht. Er hat sein Leben der Lehre des Buddha gewidmet, so wie das für sehr viele Söhne in sri-lankischen Familien zur Tradition gehört. Anders als etwa in Thailand oder Myanmar bleibt ein *bhikkhu* auf Sri Lanka nach der Ordination für immer im Kloster. Laien aber können sich auch für eine begrenzte Zeit zur inneren Einkehr in einen Tempel zurückziehen. Sie müssen sich dabei aber dem Tagesrhythmus der Mönche anpassen.

Wir sind in der letzten Höhle angekommen, kurz vor halb zwölf. Nyanaratne erklärt rasch noch den liegenden Buddha dort und ein paar Statuen, die verstorbene Würdenträger der Region darstellen. Jetzt hat er es eilig, weil er hungrig ist. Wie alle buddhistischen Mönche darf er sich nur bis zwölf Uhr satt essen, und auch dies nur so maßvoll, wie es der Buddha gelehrt hat. Danach, bis zum nächsten Morgen, ist nichts außer Wasser und Tee erlaubt. Nyanaratne und seine vier Brüder im Geiste werden jetzt genießen, was die Dorfleute aus der Nachbarschaft gespendet haben: Gemüse-*Curries*, Reis, Trockenfisch, Früchte. Wenn mal ein Stück Fleisch dabei ist, lässt man sich auch das schmecken. Der Buddha selbst war, wie alle Überlieferungen berichten, kein einschränkender Eiferer, aber natürlich erst recht kein Hedonist: »Nur der Weg der Mitte führt zur Erleuchtung ...«

Körry erster Klasse

Von scharfen Geheimnissen und süßen Genüssen

»Um sieben Uhr erschienen gewöhnlich meine Bootsleute und holten meine Netze und Gläser für die tägliche Kanoefahrt ... Nach der Rückkehr verteilte ich sofort die gefangene Ausbeute ... Dann nahm ich mein zweites Bad und hierauf um elf Uhr das zweite Frühstück ... das nationale ›Curry and Rice‹. Der Reis selbst erschien stets in gleicher Weise, einfach gekocht; bei der Bereitung des Körry aber, der ragoutähnlichen hochwertigen Reiswürze, wendete Babua allen Scharfsinn auf, um mich täglich zu überraschen ...«

So erlebte der seinerzeit weltberühmte Naturforscher Ernst Haeckel im Jahr 1881 die lukullischen Besonderheiten auf Ceylon. Was er damals sich und seinen Lesern daheim zumutete, muss deutschen Hausfrauen ziemlich absonderlich vorgekommen sein: »... montags Fisch-Körry ..., dienstags die noch feineren Prawns oder Garnelen ..., mittwochs Tintenfische ..., donnerstags gekochte Schnecken, bisweilen durch geröstete Austern überboten ..., freitags die Eiermassen der Seeigel ..., samstags fliegende Tiere; bald waren es Fledermäuse oder Vögel, bald dickleibige Nashornkäfer ... sonntags erschien im Körry erster Klasse entweder ein indisches Huhn oder eine fette Eidechse, bisweilen auch eine Schlange, die ich anfänglich für einen Aal hielt ...«

Keiner hat Sri Lanka vor dem 20. Jahrhundert poetischer und gründlicher beschrieben als eben jener Ernst Haeckel, der im Humboldt'schen Sinne Forscher und Philosoph war. Seine Zeit »auf der immergrünen Insel« nannte er die »lehr- und genussreichsten Monate meines Lebens«. »Körryqualen« allerdings, unter denen Haeckel bei seinen kulinarischen Abenteuern zunächst gelitten hat – »ein großer Trost bleiben mir die Früchte, die jeden Tag auf dem Tisch des Rasthauses prangten: Bananen, Paradiesfeigen, Ananas, die edle Mango, Passionsfrüchte …« –, muss niemand mehr erdulden; in über dreißig Jahren auf »meiner« Insel habe ich auch im entlegensten Dorf niemals Nashornkäfer oder »Korallen in der Körrytunke« vorgesetzt bekommen. Aber geheimnisvoll, spannend und höllisch scharf ist das Essen dort bis heute geblieben. Die Verwirrung beginnt mit dem Begriff *curry* (die Haeckel'sche Schreibweise ist natürlich auch im deutschsprachigen Raum längst aus der Mode gekommen). Es ist schwer zu sagen, was damit gemeint ist; leichter fällt allemal die Definition, was es nicht ist: nämlich jenes unsägliche gelbe Pulver, das in Westeuropa unter diesem Namen gehandelt wird.

Machen wir es uns zunächst einfach: Unter *curry* verstehen die Sri Lanker – seien sie Singhalesen, Tamilen, muslimische Moors oder christliche, hellhäutige Burgher – erst einmal eine Gewürzmischung. Koriander gehört dazu, Kreuzkümmel, Kardamom, Senfkörner, reichlich gestoßener Chili, Pfeffer, Kurkuma; die Moslems tun Safran und Rosenwasser dazu, auch die Malaien im tiefen Süden, die einmal als Soldaten der britischen Krone auf die Insel gekommen sind; die Burgher hingegen, nach niederländischer Tradition, gute Butter und etliche Eier sowie reichlich Muskatnuss.

Fast alle Gewürze werden ohne Fett geröstet, dunkelbraun, bei schwacher Flamme. Anschließend wird die Mischung gestößelt oder gemahlen. Schließlich, und das ist ganz wichtig, sorgt jede Hausfrau zusätzlich mit ein paar Körnern und alten, meist geheimen Familienrezepten für ihre ganz spezielle Aromamixtur.

Mit *curries* aber, dem Plural, sind auf Sri Lanka – wie übrigens auch in Indien, Myanmar oder Singapur – fertige Gerichte gemeint, benannt nach der wesentlichen Zutat oder nach der Farbe der vorherrschenden Spezereien: Gemüse-*Curries*, Fisch-*Curries*, Fleisch-*Curries* aller Art, eine große Reis- und *Curry*-Tafel mit zwei Dutzend Schälchen und tausendundeins Düften. Rote *curries* enthalten so viel Chili, dass sich auch langjährige Sri-Lanka-Kenner angeblich nach dem Essen mit ihrem Atem eine Zigarette anzünden können. Weiße *curries*, mild und nahezu flüssig, basieren auf Kokosmilch, schwarze *curries* hingegen, die besten und typischsten in der traditionellen singhalesischen Küche der oberen Kasten, verdanken ihren Namen den tiefbraun gerösteten klassischen Gewürzen – Koriander, Kreuzkümmel und Fenchel gehören so gut wie immer dazu.

Eine alte Freundin, Charmaine Solomon, in Colombo geboren und mit ihren Kochbüchern eine weltweit erfolgreiche Botschafterin asiatischer Delikatessen, erzählte gern, wie im alten Ceylon, bis vor gut fünfzig Jahren noch fast überall, auf Holzfeuer und in steinernen Öfen gekocht wurde: »Ich erinnere mich an Josie, eine freundliche, rundgesichtige, mütterliche Frau. Sie war so viele Jahre die Köchin unserer Familie ... Josie regierte über die ›große Küche‹ mit ihren riesigen Feuerherden, blies mit Hilfe eines Metallrohrs das Feuer an, um die Hitze zu steigern, rührte mit Löffeln aus Kokosnussschalen in ihren *chatties*, das sind Kochtöpfe aus Ton, und stellte so einige der besten Mahlzeiten her, die ich je zu essen bekam ...«

Längst sind McDonald's, Kentucky Fried Chicken und Pizza Hut auch in Colombo die Treffpunkte der jungen Leute. Und das alte Rasthaus von Ella, einst für seine *Curry*-Vielfalt berühmt, hat sich dem Zeitgeist angepasst, nennt sich schon längst »Motel« und serviert Spaghetti und spanisches Omelette. Wehmut muss dennoch nicht aufkommen. Mühelos finden nostalgisch gestimmte Genießer genügend Plätze mit traditionsreicher Küche. Noch immer heißt es, wie in vielen Ländern Asiens, auch auf Singhalesisch »Hast du Reis gegessen«, wenn allgemein gefragt wird, ob man schon zu Mittag oder zu Abend gegessen hat.

Im Tissawewa Resthouse im heiligen Bezirk von Anuradhapura, bekomme ich wie eh und je am frühen Morgen meine geliebten *hoppers*: dünne »Schalen« aus Pfannkuchenteig, gefüllt mit Spiegelei oder Früchten der Saison, dazu Milchreis mit Palmzucker und Zimt (*kiribath*) und *pittu*, das sind Klößchen aus Reismehl und Kokosraspeln, am liebsten mag ich sie mit gemäßigt scharfer *Curry*-Sauce. Einmal, vor gar nicht langer Zeit, waren wir die einzigen Gäste im staatlichen Rasthaus von Polonnaruwa, das auf einer Landzunge in den antiken Stausee Parakrama Samudra ragt. Man hatte uns das große Zimmer Nr. 1 gegeben, das Mitte der fünfziger Jahre für Queen

Elizabeth und ihren Prinzgemahl angebaut worden war. Nichts, so wirkte es auf uns, hatte sich seither verändert. Nur der Spiegel war fast blind geworden.

Den Nachmittag hatten wir auf der Terrasse vertrödelt, Tee getrunken, den Fischern zugesehen und den Kormoranen. Wir hatten Kokoskuchen gegessen und *wattalapam*, den landestypischen Pudding aus Kokosmilch und Zimt. Als die Nacht kam, übergangslos wie immer, wurden rasch Kerzen auf den Tisch gestellt: Stromsperre. Für die Küche aber, versicherte uns das halbe Dutzend Kellner, das um uns herumscharwenzelte, sei das kein Problem, das Holzfeuer im alten Ziegelherd lodere bereits. Es gab, wie man sich denken kann, *curries*, unzählige *curries*: solche vom Huhn, andere aus gelbem Kürbis, ein Okraschoten-*Curry*, mindestens zwei verschiedene Gemüse-*Curries*, eines mit Linsen und ein *curry* aus weich gekochten Cashewnüssen, Reis natürlich, würzig, große Mengen in dampfenden Terrinen, und ein *curry* mit frischem Fisch aus dem See.

Auf dem Tisch standen letztlich zweiundzwanzig Schalen und Schälchen, fast alle gleichzeitig serviert, dazu Fladenbrot und *papadam*, die Cracker der indischen Welt. Auf den Tellern lagen Bananenblätter, auf denen wir die Speisen klumpen konnten, um sie dann mit der rechten Hand, wie es noch vielfach üblich ist, zu essen. Jeder Bereich auf dem Tisch, jeder Teller, jeder Korb, war mit Frangipaniblüten umkränzt. Von den Ruinen aus der ehemaligen Königsstadt drangen Zauberklänge an den See und auf unsere Terrasse: Trommeln und der sanfte Singsang buddhistischer Mönche.

Ernst Haeckel übrigens, der gelehrte Genießer

der frühen Jahre, mochte seine Körry-Erlebnisse am Indischen Ozean schon bald nicht mehr missen: »Ich konnte mich nur schwer davon trennen.«

Feuer für den »lingam«

Bei den Hindus von Trincomalee

Auf dem Weg zur Hauptstraße überholt mich eine kleine Karawane buckliger Rinder. Sie alle tragen einen roten Punkt auf der Stirn; damit sind sie Pashupati geweiht, dem Herrn der Tiere – ein anderer Name für Shiva. Jeweils zwei oder drei junge Männer sitzen auf den hochrädrigen Karren, die von den Zebus gezogen werden. Keiner grüßt, keiner lächelt. Es ist dies das Land im fernen Nordosten Sri Lankas, die Küste bei Trincomalee, die sich viele Tamilen mit vielen Moslems und einigen Singhalesen teilen. Es ist, das vor allem, Hinduland, geschunden, zerschossen in den langen Jahren des Bügerkriegs, vom Tsunami getroffen wie keine andere Region, ein Land ärmster Bauern und Fischer.

Es sind Tamilen, Landleute und Tagelöhner, die sich schon in der Frühe auf die Suche nach Brennholz machen müssen. Vor den Türen und in den Gärten der Häuser in diesem Vorort hocken derweil ihre Frauen und streuen Reismehl zu glücksbringenden Symbolen auf die Erde, eine Muschel zum Beispiel, deren »Gewinde« nach rechts gedreht ist – in der tropischen Natur so selten wie bei uns ein vierblättriges Kleeblatt.

Auch *svastikas*, altindische Sonnenräder, die von erschrockenen Touristen als Hakenkreuze missverstanden werden, »legen« die Frauen aus. Der böse

Blick, auch der Neid des Nachbarn soll damit gebannt werden. Neben spiritueller Wirkung stiften diese alltäglichen, sehr liebevoll arrangierten Mandalas praktischen Nutzen, der wiederum gutes *karma* bringt: Binnen weniger Minuten stellen sich nämlich Ameisen ein, denen das Reismehl schmeckt. Die Symbole lösen sich also in Wohlgefallen auf, das Prinzip »Leben und leben lassen« wird so aufs Sinnvollste angewendet.

Die Portugiesen haben zwar nur wenige Bauwerke hinterlassen, auch kaum Spuren in der Küche. Aber sie waren die ersten und die erfolgreichsten Missionare. Aus ihrer Epoche im 16. und 17. Jahrhundert, die von strengem Katholizismus geprägt war, stammen die vielen Pereras ab, die de Silvas und eben die Fernandos.

Wir sind mit Mothi, einem tamilischen Freund, unterwegs. Singhalesen traut er nicht über den Weg. Mothi hat es schwer gehabt in den letzten zwei, drei Jahrzehnten. Dreimal hat er sein Haus am Nilaveli Beach, wo seine Familie seit Jahrhunderten ansässig war, aufgebaut, dreimal hat es die Armee wieder abgefackelt. Während er mit seiner Mutter und seinen Schwestern in Colombo Zuflucht suchte, starb der Vater in den Trümmern von Trincomalee.

Trinco, wie die abkürzungsfreudigen Sri Lanker sagen, ist keine einfache Stadt. Sie liegt an einer wunderschönen Bucht, in der sich seit dem Waffenstillstand wieder Wale tummeln, sie ist von der Natur mit einem der sichersten Häfen Asiens gesegnet. Aber sie hat nie eine Chance gehabt aufzublühen, zu Wohlstand zu kommen. Das Zentrum ist staubig, die Gassen und Basare wirken ärmlich, die Folgen von

Bürgerkrieg und Tsunami sind nicht mehr sichtbar. Wohl aber wuchern und wispern die Legenden in den Tempeln und auf den Felshügeln vor der Stadt, praller und verzweigter als anderswo auf dieser Insel.

Mothi hat sein Motorrad vor einer Garküche abgestellt. Wir haben nur Tee geordert, aber als Mohamed, der dicke Besitzer, Koch und Kellner, hört, dass ich aus Deutschland komme, stellt er eine Schüssel mit Klößen auf den wackligen Tisch; sie sind mit Mais und Ei gefüllt. Mothi, der tamilische Christ, nennt den Wirt *thambi*, Bruder. Sie sprechen, wie es zwischen Tamilen und Moslems üblich ist, Tamil miteinander.

Mit Mothis alter Maschine tuckern wir am Fort Frederick vorbei zum Swami Rock, dorthin, wo alle Touristen und alle Einheimischen hinpilgern. Auch heute morgen stehen Schulklassen, Liebespaare und Hindufrauen in seidenen *saris* auf dem »heiligen Sonnenhügel«, so die Bedeutung des ursprünglichen Ortsnamens Tirunkonamalai, aus dem Trincomalee wurde. Schaudernd blicken sie von einer Felsnase in die Tiefe. Über hundertdreißig Meter fällt der Berg senkrecht ins Meer. Gurgelnd bricht sich das Wasser an riesigen Steinen, ein Ort, der für gruselig romantische Geschichten gemacht ist.

Vor über dreihundert Jahren soll sich die holländische Kaufmannstochter Francina van Rhede von hier oben in die Tiefe gestürzt haben, während weit draußen der angeblich untreue Ehemann dem Horizont entgegensegelte. Nun gibt es allerdings unterschiedliche Versionen von dieser Trotzreaktion. Sie soll auf jeden Fall gut ausgegangen sein; mal heißt es, die junge Dame habe den Sturz überlebt, an anderer Stelle hört man, sie habe überhaupt nur mit Selbstmord gedroht. Der Felsvorsprung heißt jedenfalls seit vielen Jahren »Lover's Leap«, der Sprung der Geliebten.

Felsen dieser Art sind überall im indischen Kulturraum mit Tempeln bebaut. Koneswaram heißt das imposante Heiligtum neben dem Lover's Leap (der übrigens nur durch ein wacklig-rostiges Gitter vom Abgrund getrennt ist). Dieser Tempel birgt einen gewaltigen *lingam*. Das Phallussymbol des Weltenzerstörers Shiva gehörte einst zu einem viel größeren Tempel, der auf tausend Säulen gestanden haben soll. Die Portugiesen zerschlugen das massige Gebäude, warfen den *lingam* und ungezählte Säulen ins Meer und bauten aus den restlichen Steinen eine Festung, gleich unterhalb des geschändeten Heiligtums.

Es kamen die Holländer, die aus der Portugiesenburg ihr Fort Frederick machten – so heißt es bis heute, und jetzt wohnen dort Polizisten und Soldaten –, und es kamen die Briten, die die Festung um ein Haus für einen Helden erweiterten, der später Weltgeschichte schreiben sollte. In dieser Lodge, im Schatten des wohl schönsten Banyanbaums der Insel, kurierte 1799 ein Arthur Wellesley das Fieber aus, mit dem er sich bei einem Feldzug in Südindien angesteckt hatte. Später erzählten die Offizierskameraden gern, dass die Pflege unter dem ausladenden Baum so gut gewesen sei, dass Sir Arthur nur zu gern sein Schiff verpasste, das ihn nach London bringen sollte. Wie auch immer: Aus dem dreißigjährigen Helden von Tamil Nadu wurde der Herzog von Wellington und 1815 der Sieger von Waterloo, der Bezwinger Napoleons.

Der Baum, unter dem es ihm so gut gefallen hatte, breitet bis heute seine Äste und seine immergrünen Blätter über die Vergangenheit. Eigentlich ist das Kasernengelände gesperrt, aber mit einem Lächeln und einer Geste, mit der ich auf meine Kamera deute, lässt uns der Wachhabende zum Wellington-Haus spazieren. Solche Abstecher in die europäische Geschichte sind an vielen Stellen Sri Lankas möglich, in den dunklen Hallen der Reformierten Kirchen von Colombo und Galle, in den Ruinen des Forts von Jaffna, in den sternförmigen Festungsanlagen in Matara, wo bis heute im Schatten alter Bäume über kleine Sünder zu Gericht gesessen wird.

Schellenklänge und dumpfe Trommelschläge holen uns in die Gegenwart zurück. Eine kleine, festlich gekleidete Gruppe von Hindupilgern strebt dem Tempel entgegen. Der Schrein im westlichen Bereich ist mit blinkenden Lämpchen geschmückt. Shiva und seine Göttergattin sitzen in der Mitte, flankiert von Ganesha und Skanda, den beliebten Söhnen. Auch diese vom Ruß der Zeit geschwärzten Skulpturen stammen aus vorkolonialer Zeit und wurden von den Portugiesen einst ins Meer geworfen. Erst 1975 hatten fromme Hindus sie, mehr als dreihundert Jahre nach ihrem Sturz, aus dem Wasser geholt und im Koneswaram Kovil aufgestellt.

Hilfspriester, die zwar auch zur Kaste der Brahmanen gehören, aber noch nicht die heilige Schnur um den Oberkörper tragen dürfen, eilen mit Blumenschalen, Früchten und Kokosnüssen geschäftig von einer Ecke in die andere. Sie zünden ein Feuer an, dessen Rauch fromme Wünsche zu den Bergen des Himalaya tragen wird, dem Wohnort Shivas und seiner Familie. *Salathambi*, Lieblingsbruder, heißt die Zeremonie, die uns gleich in den Bann ziehen wird. Eine Familie verabschiedet ihre Tochter, die nach Indien übersiedelt. Sie soll mit dem Segen der Götter in die Heimat der Vorväter ziehen.

Mahindra, der Oberpriester, trägt einen violetten *sarong*. Er sieht würdig und wichtig aus. Um seinen fülligen Leib spannt sich die weiße Kordel des Zweimalgeborenen. Immer wieder schwenkt er das Feuer in einer gold schimmernden Schale, und jedes Mal berührt die junge Frau die Flamme. Mahindra ordnet und drapiert die Blüten auf seine Weise. Dazu rezitiert er die heilige Silbe *OM* und wiederholt ein Wort, das Hindus und Buddhisten in ihren Tempeln oft beschwören: »*Shanti, shanti …*«, Frieden …

Nach einer Viertelstunde, in der auch eine Kokosnuss mit einem Schlag in zwei gleiche Hälften geteilt wurde – ein Wunder, ein Glückstreffer, flüstert mir einer der Hilfspriester ins Ohr –, zieht Mahindra den Vorhang vom Allerheiligsten zurück. Der *lingam* wird sichtbar, Shivas mächtiges, lebensspendendes Fruchtbarkeitssymbol. Der Priester murmelt Sanskritverse aus den »Veden«, den heiligen Schriften, deren Gültigkeit Jahrtausende überdauert hat. Er hält die Flammenschale in der Hand und »befeuert« damit den *lingam*. Shiva steht ja nicht nur für die immer wiederkehrende Zerstörung der Welt, sondern im gleichen Maße für die nachfolgende Erneuerung und Schöpfung Der Dreizack, den der vielfältigste aller Hindugötter in seinen Darstellungen meistens bei sich trägt, versinnbildlicht diese drei Aspekte.

Mahindra hat dem steinernen Penis, in dem Shiva

ganz persönlich verehrt wird, reichlich Feuer gegeben. Nun muss er den Gott wieder besänftigen. »Cool down, Shiva«, nennt Mothi diesen Teil der Zeremonie. Der Priester besprenkelt also den *lingam* mit Kokoswasser, dann reibt er ihn mit Bananenmus ein. Während sein Helfer vor dem Allerheiligsten das Feuer weiterhin schürt, säubert und trocknet Mahindra den großen Phallus liebevoll und ausdauernd. Wie ein göttliches *Ayurveda*-Bad sieht diese Behandlung aus.

Es ist spät geworden. Die Familie der Indienfahrerin hat den Hof mit drei *tuk-tuks* verlassen. Der Priester hat noch eine halbe Stunde Zeit bis zur nächsten Zeremonie, dem alltäglichen Mittagsritual. Er erzählt von den Strukturen des Tempels und von der schlimmen Zeit, die er, wie die meisten auf der Insel, verniedlichend »die Zeit der troubles« nennt. Damals kamen fast jeden Tag gläubige LTTE-Kämpfer. Sie versteckten ihre Gewehre irgendwo vor dem heiligen Hügel und besuchten als Bauern verkleidet den Tempel. Sie brachten Blüten wie andere Pilger, sie zerschlugen Kokosnüsse, und sie riefen, was Mahindra vorbetete: »*Shanti, Shanti*«, Frieden …

Weiter nach Norden. Es hat in der Nacht heftig geregnet und wir müssen auf der Sandpiste Slalom fahren, große Bogen um Pfützen und Schlammlöcher. An einer Lagune schauen wir moslemischen Fischern beim Auslegen der Netze zu. Ein Ibrahim redet wie ein Basarhändler auf mich ein. Eine Angelfahrt soll ich mit ihm machen. Er lacht, als ich aus Zeitmangel ablehne. Gut, sagt er, dann morgen oder übermorgen, wann immer du willst, Freund … Seine Frau bringt ihm Reis und gegrillte Bananen ans Boot. Sie ist Tamilin, zum Islam konvertiert. »So geht das immer«, sagt Mothi, der Christ, der auch Tamile ist.

Die Natur wird wilder, eigenartiger, das Meer verläuft sich in Seen und Kanälen. Fischreiher und Adler rasten auf Sandbänken, Krokodile sonnen sich auf Felsen am Rande der amphibischen Landschaft. Ein einsamer Elefant steht bis zum Bauch im Wasser, eine große Gruppe Flamingos hebt wie auf Kommando die schlanken Hälse aus dem Sumpf. Nach Westen zu gehen Reisfelder in Savannen und diese in Urwald über. Kleine Moscheen und Hüttentempel für Ganesha lockern die tristen Dörfer auf, die in der Hitze vor sich hin brüten wie verlassene Kulissen eines Fantasyfilms.

Das Land an der Ostküste wirkt archaisch, und vielerorts nisten uralte Geschichten zwischen Tag und Traum. Zum Beispiel in Kanniyai, dem vergessenen Platz der heißen Quellen, Schauplatz des letzten Kampfes zwischen dem Dämonen Ravana und Prinz Rama, von dem das Ramayana-Epos den Asiaten in vielerlei Form erzählt.

Wir waren gerade noch einem Trupp wilder Elefanten ausgewichen, der aufreizend langsam unseren Weg von der Nationalstraße Nr. 12 zum legendären Thermalbad gekreuzt hatte. Nun stehen wir vor Mauern aus Ziegelsteinen, die vor über zweihundert Jahren von den Holländern um sieben sagenhafte Brunnen heißen Wassers gezogen worden waren. Hier also hat der böse Ravana sein Ende gefunden, hier hat er aus Wut über einen Trick seines Bezwingers Rama seinen Speer in den Boden gerammt, siebenmal. Die Erde, so sagen die einen, hat daraufhin sieben heiße Tränen geweint. Und weil Rama eine Inkarnation Vishnus ist, seine wiedergefundene Prinzessin Sita für Lakshmi steht, die Göttin des Glücks, der Liebe und des Reichtums, schaffen es die Quellen bis heute, Geschwüre, Ekzeme und viele andere Krankheiten wegzuspülen.

Eine andere Spielart des »Ramayana« geht so: Um Zeit für die letzte Schlacht zu gewinnen, hatte Rama dem Ravana vorgetäuscht, dessen Mutter Kanniyai sei gestorben. Rama grub, während der Dämon noch, wie vorgeschrieben, dreizehn Tage lang trauerte, die sieben Wasserstellen. Als der Bösewicht und Sita-Räuber sich unvorsichtig den Thermen näherte, überfiel und tötete ihn der Gott. Oder waren es sieben Jungfrauen, die hier in sagenhafter Vorzeit ihr Schönheitsbad genommen haben …?

Auch Mothi möchte offen lassen, zu welcher Legende die sieben Quellen am besten passen. Sicher ist aber, dass die Hindus von alters her nach Kanniyai pilgern, zwei Wochen nach dem Tod eines nahen Angehörigen. Ritualisierte Opfer und der magische Ort sollen den Übergang ins nächste, bessere Leben erleichtern. An so viel Heiligkeit, an so vielen Wundern wollen alle teilhaben: Neben dem Hinduschrein an der Therme waren einst ein buddhistischer Tempel und eine kleine Moschee die Zufluchtsstätten der Gläubigen. Sie alle liegen in Ruinen. Und jeder weiß, wer das getan hat: Es waren stets die anderen.

Zwei Blätter und die Knospe

»Tea time« im Hochland und in Hamburg

Pickhuben 9, eine gute Adresse in der Hamburger Speicherstadt. Was sie mit unserem Thema zu tun hat? Hinter dicken Backsteinmauern residiert Olav Ellerbrock, seit über vierzig Jahren Generalkonsul von Sri Lanka für Norddeutschland – und Teekaufmann aus Tradition und Leidenschaft, Inhaber der alteingesessenen Firma Hälssen & Lyon. Im Kontor, wie man hier ein Büro nennt, schmeckt sein Teetester gerade einem Schluck nach, den er genießerisch auf der Zunge abrollen lässt: »Vollmundig und rund«, lobt er das Getränk, das er dann aber doch sofort und restlos ausspuckt. Noch einmal, diesmal aus einer anderen Tasse, schlürft er lautstark die bernsteinfarbene Flüssigkeit, kaut lange und mit geschlossenen Augen auf ihr herum: »… mmmh, ausgesprochen mälzig, viel Körper.«

Der Tee-Vorkoster gehört zu den raren und deshalb hoch bezahlten Spezialisten, die etwa einen Second Flush aus der Uva-Region mit der geballten Sinnlichkeit des Kenners und Liebhabers einstufen: »Geradlinig, sehr anregend, ein bisschen wie Champagner …« Die Teetester und Kaufleute in Hamburg kennen die Länder des Tees aus eigener Erfahrung. Sie wissen um die Mühe des Pflückens, Trocknens, Fermentierens und Rollens. Frank Pauls versichert, dass er beim Schlürfen die Pflückerinnen im Teegarten bei Nuwara Eliya vor Augen hat. Mindestens zweitausendmal müssen sie denselben Handgriff machen – die Knospe und zwei Blätter zupfen und hinter sich in einen Sack werfen, den sie wie ein Stirnband an ihrem Kopf befestigt haben –, um vier Kilo frische grüne Blätter zu ernten. So viel braucht man für ein einziges Kilo schwarzen Tees.

*

Udagama im neblig nassen Hochland von Ceylon, neuntausend Kilometer von Hamburg entfernt. Vier Uhr morgens: Saraswati Lagananthan muss aufstehen, um sich auf den Weg zu »ihrem« Teehügel zu machen. Seit Kurzem gibt es elektrisches Licht in der Hütte, die sie mit Sivaguru, ihrem Mann, und drei Kindern bewohnt – zehn Quadratmeter. Die meisten ihrer Kolleginnen leben in *linehouses*, nicht weit weg von der Einsatzstelle – aber weit genug, damit ausländische Besucher der Teefabrik nicht sofort sehen, wie sie hier hausen.

Sieben kleine Räume gehören zu einer »Linie«, jeder wird von einer Familie bewohnt, nicht selten sind das acht oder neun Menschen. In den letzten Jahren sind einige alte Reihenhäuser durch Neubauten ersetzt worden, mit Stromanschluss und modernen Herden.

Saraswati hat es etwas besser: Ihr Mann arbeitet als Gummizapfer in der Nähe. Der Tageslohn für beide zusammen übersteigt zwar selten zehn Euro; durch ein kompliziertes System von Grundlohn, Prämien und Zulagen kann die Familie Lagananthan aber in guten Monaten auf umgerechnet gut hundert

Euro kommen. Das ist gerade genug, um die Schuluniformen der Kinder in Ordnung zu halten, genug auch zum Essen und Trinken, aber zu wenig, um auch nur ein Kind auf eine weiterführende Schule in die nächste Stadt zu schicken, zu wenig, um sich einen Fernseher leisten zu können – Sivaguru schaut seine Cricketspiele im Krämerladen an, eine halbe Stunde Fußmarsch entfernt.

In der Nachbarschaft gibt es oft Ärger. Einige Männer trinken; in den engen Quartieren, die den Arbeitern nicht gehören und deswegen auch nur unwillig gepflegt werden, kommt es nicht selten zu Reibereien. Die Gewerkschaften, zerstritten in über zwanzig Fraktionen, erreichen die jungen Tamilen auf den Plantagen kaum noch. Vor etwa dreißig Jahren haben sich die sogenannten *Indian Tamils* – einst von den Engländern als willige und billige Arbeitskräfte auf die Insel geholt – noch kaum für den Kampf der »anderen« Tamilen um einen eigenen Staat im Norden und Osten interessiert. Inzwischen ist zwar das politische und gesellschaftliche Bewusstsein der Plantagenarbeiter gewachsen. Aber nun fühlen sie sich nicht nur von den Singhalesen, den Vorarbeitern und Fabrikbesitzern, diskriminiert. Auch die höherkastigen tamilischen Bauern und Händler, die seit Jahrhunderten auf eigenem Boden in diesem Land ansässig waren, schauen auf ihre Landsleute im Teeland herab. Die Hälfte der Tee-Tamilen kann nicht lesen und nicht schreiben; im übrigen Land ist die Analphabetenrate mit drei Prozent so niedrig wie in Asien sonst nur in Singapur und Japan.

Saraswati hat um fünf Uhr ihr Revier für diesen

Morgen zugewiesen bekommen. Gemeinsam mit etwa zwanzig anderen Frauen dringt sie im Morgengrauen in das enge Strauchwerk der Teebüsche vor. Die sind auf eine Höhe von etwas über einen Meter gestutzt – in der Wildnis müsste man vom Teebaum sprechen; dort schießen diese Pflanzen aus der Kamelienfamilie bis zu zwanzig Meter in die Höhe. Mit flinken Händen und geübtem Griff pflückt Saraswati »*two leafs and the bud*«. Zielgenau landet ihre Ernte, über den Kopf geworfen, in ihrem Rucksack.

Drei bis vier Stunden dauert so eine Schicht. Dann liefert Saraswati fünfzehn, manchmal sogar zwanzig Kilo Blätter an der Sammelstelle ab. Oft muss sie eine Stunde warten, bis sie in der langen Schlange der Pflückerinnen zur Waage vorgerückt ist. Dort erst wird ihr Tagespensum und damit ihr Lohn berechnet. Etwa zehn Tage wird die verhärmt aussehende Frau jetzt jeden Tag in das Revier gehen. Danach wird diesen Büschen zwei Wochen Pause gegönnt, bis neue Knospen und wiederum zwei oder auch mal drei Blätter reif und saftig darauf warten, gepflückt zu werden. Saraswati wird in der Zwischenzeit auf dem Nachbarhügel arbeiten.

Über Nacht welken die Blätter im Obergeschoss der Fabrik auf sogenannten Hurden, wobei warmer Wind aus riesigen Gebläsen den Prozess beschleunigt. Durch Luken und Trichter rutschen die Blätter danach ins Erdgeschoss, wo sie zerrieben und zerhackt werden. Dabei brechen ihre Zellen auf, oxidieren und die Blätter werden schwarz. Das Fermentieren dauert ein, zwei Stunden. Danach erst, wenn die Blätter (die ja eigentlich keine Blätter mehr sind) in Heißluftkesseln getrocknet und wieder angefeuchtet worden sind, duftet der Tee so aromatisch, wie wir das gewohnt sind.

Saraswati hat heute ihrem Lieblingsgott Ganesha, der für Weisheit und mehr noch für Wohlstand gebraucht wird, eine Blumenkette umgelegt. Der kleine dicke Elefantengott steht in der Mitte des Hausaltars. Sie hofft mit dieser Geste nicht nur Ganeshas Stimmung, sondern auch die ihres Einsatzleiters positiv zu beeinflussen. Seit Wochen quält sie, die jeden Morgen barfuß in die feuchten Teegärten geht, ein böser Husten. Der Händler, bei dem Sivaguru Stammgast zum Fernsehen ist, will sie mit seinem Auto in die Stadt mitnehmen, zum Arzt. Dafür muss sie sich einen Tag frei und eine Lohnkürzung in Kauf nehmen.

*

Szenenwechsel: Das grüne Teehochland erfreut sich zunehmender Beliebtheit als Stopover zwischen Strand und Kulturdreieck. Vor allem zahlungskräftige Touristen lieben das Ambiente der komfortablen und sogar luxuriösen Unterkünfte in ehemaligen Pflanzerbungalows. Nirgendwo lässt es sich dort so authentisch in die Zeit der britischen Pflanzer zurückträumen wie in vier Bungalows aus den zwanziger Jahren, die sich »Tea Trails Ceylon« nennen. Sie wurden vor ein paar Jahren liebevoll renoviert und zählen seither zu den nobelsten Kolonialadressen in Sri Lanka. Vier bis sechs Zimmer nur hat jeder Bungalow, allesamt individuell eingerichtet, viel Mahagoni, großzügig möblierte Terrassen, Bäder, so geräumig wie luxuriös.

Kein Fernseher, kein Radio, kein Internet lenkt von der Idylle dieser Häuser ab, die inmitten der Teegärten liegen, jeweils etwa zehn Kilometer voneinander entfernt. Eine Wanderung von einem Bungalow zum anderen, von Castlereagh nach Norwood zum Beispiel, ein gutes Buch, ein gutes Gespräch, der Blick aus dem Fernglas auf exotische Vögel, das sind hier die Attraktionen, und kaum ein Gast vermisst ein Berieselungs- oder Entertainment-Programm.

Morgens gegen sieben klopft es dezent an die Tür: Janaka, der persönliche Butler, einer von sechs Bediensteten im Castlereagh-Bungalow, Janaka also bringt, wie gestern Abend vereinbart, »your early morning tea, Sir ...« Eine Stunde später wird das Frühstück auf der Veranda serviert, tropische Früchte, Eier mit Speck, hausgemachte Marmeladen. Susantha, der Koch, macht Vorschläge für Lunch und Dinner. Zum High Tea am Nachmittag, dieser urbritischen Sitte, stehen Scones, Kekse und Schnittchen in der silbernen Etagere bereit.

*

Handelskammer Colombo, zweiter Stock. Seit acht Uhr läuft hier die Tee-Auktion. Auch die Ernte, die Saraswati mit eingebracht hat, steht heute auf den Listen der Broker. Graeme Tissera ist einer von ihnen; er soll für das Hamburger Haus Hälssen & Lyon beste Ware kaufen: zwanzigtausend Kilo Uva Broken, kräftig, herb und dunkel. In dem fensterlosen Raum, der wie ein Auditorium gestaltet ist, sitzen hundertfünfzig Exporteure. Nur sie verstehen die Orders und Aufträge, die monoton und mit vielen

Abkürzungen vom Podium gerufen werden: H/LL one sample to Keel's … eine Einheit – in diesem Falle hundert Kilo – High Grown (Hochgewächs) aus Lover's Leap, einer besonders guten Lage der Pedro Estate bei Nuwara Eliya geht an die Firma Keel's, den Branchenführer in Sri Lanka – und schon ist das nächste *lot* aufgerufen.

Locker, unaufgeregt und ohne Mikrofon werden an diesem Vormittag Teekisten für mindestens hunderttausend Euro verkauft, vorwiegend nach Russland, in die Ukraine und in die Emirate. Tee macht die Hälfte aller Deviseneinkünfte Sri Lankas aus. Nach Indien und China ist die Insel der drittgrößte Lieferant der Welt. Mit Darjeeling und Assam im Nordosten Indiens konkurrieren Dimbula, Uva und Uda Pusselawa, Sri Lankas höchst gelegene Provenienzen, um das Etikett des weltweit besten Tees. Kein anderes Land außer Japan schätzt Qualität aus diesen Lagen so sehr wie Deutschland. Die Engländer, die doch den Tee nach Ceylon gebracht und außerdem ein Jahrhundert lang die Rituale der *tea time* kultiviert haben, haben sich offenbar, wie der Rest der Welt, mit dem Teebeutel arrangiert.

Einen Monat später in Hamburg. Frank Pauls ist mit der Lieferung aus Colombo sehr zufrieden. Eine Kollegin wiegt ihm grüne, braune, schwarze Blätter ab, zweieinhalb Gramm von jeder Sorte, präzise mit der Apothekerwaage ausgependelt. Dann wird aufgekocht. Fünf Minuten muss der Sud in henkellosen, zugedeckten Tässchen ziehen. Frank Pauls schnüffelt in den kleinen Becher, zieht den Duft ein, nimmt einen Schluck, geräuschvoll und schmatzend: »… sehr nobel, ein guter Body.« Und dann verrät der Mann mit der goldenen Nase noch, wie man frischen und guten Ceylon-Tee aus der Kiste sogar »blind« ertasten kann: »Er knirscht so schön, wenn man ihn langsam in der Hand zerdrückt ...«

Oh, wie schön ist Panama

*Einsame Lagunen, singende Fische und ein Hotspot
für Surfer aus aller Welt*

Panama, tiefer Süden der Ostküste. Noch ist der Ort,
von dem niemand sagen kann, warum er so heißt wie
das Sehnsuchtsland des kleinen Bärs und des kleinen Tigers, ein Geheimtipp für Naturliebhaber und
Freunde einsamer Buchten: Abenteuerland, weitab
vom pauschaltouristischen Alltag. Wir waren auf
einer holprigen Straße ans Meer gekommen, mehr
oder weniger ein Schotterweg, an dem hier und da
etwas herumgeflickt wird. Über diese Piste werden
wir auch den Rückweg antreten müssen, denn nur so
ist Panama mit dem Rest der Welt verbunden.

Was für eine Postkarte: große, rötlich schimmern-
de Felsen rahmen Strand und Lagune ein, weißer
Puderzuckersand, ein paar Kasuarinen, eine Bucht
weiter Palmen, die sich vor dem Meer verneigen. Auf
dem letzten Stück Weg zum Strand haben wir gerade
Krokodile aus respektvoller Distanz beobachtet. Sie
ließen sich bei ihrem Sonnenbad auf den braunen
Steinen nicht stören, die wie große Maulwurfshü-
gel auf der Savanne liegen. Jetzt, an einem der vielen kleinen Seen hinter dem Meer fliegen plötzlich
Reiher hoch, ein ganzer Schwarm, gleich darauf ein
Kingfischer, dessen türkisfarbenes Gefieder in der
Sonne glitzert.

Panama, ein winziges Fischerdorf, eine Singhalesen-Enklave in einer Tamilen- und Muslim-Region. Es versteckt sich zwischen hohen Sanddünen, die beim Tsunami Ende 2004 die Wucht der Wellen abgeschwächt haben. Der Ort war vor dieser Katastrophe weltenfern, und auch heute noch ist er nur mit Mühen zu erreichen, zum Beispiel als Ausflugsziel von der Arugam Bay aus. Dieser Surfer-Treff ist vor allem bei jungen Australiern bekannt und beliebt. Dort, fast zwanzig Kilometer nördlich – Luftlinie, wohlgemerkt, weil es keine Straße am Meer entlang gibt – lässt es sich in Hängematten, vor Hütten und kleinen Hotels so genüsslich und ruhig abhängen, wie es an der Westküste kaum mehr möglich ist.

Aber in gemäßigter Form hat die Aufbruchstimmung auch die südliche Ostküste erreicht. Schon einmal, Anfang der achtziger Jahre, galt sie als Geheimtipp. Bevor daraus ein Boom entstehen konnte, ließ der jahrelange Bürgerkrieg zwischen Regierungstruppen und tamilischen Rebellen alle Blütenträume welken. Rund um Trincomalee hingegen, wo im Sommer Trockenzeit herrscht und die See meistens ruhig ist, sind die Claims längst abgesteckt. Traditionsreiche Herbergen wie das Nilaveli Beach oder das Chaaya Blu (früher Club Oceanic) wurden renoviert und noch mehr Strandhotels sind geplant oder im Bau.

Auch zwischen Trinco und Panama, an den früher so rustikalen Traumstränden bei Passekudah, Kalkudah und Batticaloa, sind neue Herbergen entstanden. So schlichte wie Monis Guesthouse bei Passekudah, so teure wie Maalu Maalu und Uga Bay, beide bei Passekudah, oder das familiäre und besonders bei Tauchern beliebte Deep Sea Resort in »Batti«, wie Stammgäste das Dorf Batticaloa nennen. Dort treffen sich Wracktaucher aus aller Welt. Ihr Hauptziel ist der britische Flugzeugträger Hermes, der fünfzehn Kilometer vor der Küste in etwa fünfzig Metern Tiefe liegt, von Korallen nahezu vollständig überwuchert. Zusammen mit einem Zerstörer war er 1942 von den Japanern versenkt worden, mehr als dreihundert Marinesoldaten hatten dabei den Tod gefunden.

Und wer ein Ohr dafür hat, kann in Batticaloa womöglich wieder die Fische singen hören. Das Phänomen – wenn es denn nicht nur ins Reich der mystischen Legenden gehört – wird unterschiedlich erklärt. Die Fischer jedenfalls sagen, was sie schon vor vierzig Jahren behauptet haben: Bei Vollmond stimmen die Fische in Küstennähe ein trauriges Lied an. Ich habe es damals nicht gehört, und es ist mir auch jetzt nicht vergönnt gewesen. Was gar nichts heißt, denn es gibt ja auch Leute, die das Ungeheuer von Loch Ness schon mehrfach gesehen haben wollen …

Schließlich Pottuvil, noch weiter im Süden, ein muslimisch geprägtes Städtchen. Wie in Trincomalee haben hier einige Hotels durch alle Wirren des grausamen Krieges hindurch Gäste gehabt. Oft allerdings waren es keine Touristen, sondern Entwicklungshelfer und Minenräumer. Sie sind fast alle abgezogen, und Pottuvil hat sich offensichtlich inzwischen einem strengeren Islam verschrieben: Wo früher kaum eine Frau mit Kopftuch zu sehen war, trifft man heute immer häufiger auf voll verschleierte, eilig vorbeihuschende Muslima. Ziegen und Kühe sind aus dem Stadtbild verschwunden. Aus Sandpisten sind

Asphaltstraßen geworden, aber der Ort wirkt unaufgeräumt, so distanziert wie die Bewohner. Das für die Insel so typische Lächeln, hier bleibt es aus.

Pottuvil Point, Endstation Sehnsucht, vielleicht der schönste der zehn Surfer-Hotspots der Region. Ein *tuk-tuk* braucht eine knappe Stunde von der Arugam Bay an diesen Strand. Und am Abend hockt die Gemeinde der Wellen- und Lebenskünstler dann wieder in einer urigen Strohdach-Pinte am Wasser und beschwört die alten Zeiten.

Ein Hauch von Nostalgie

Träumereien auf tropischen Terrassen

Ein Nachmittag wie jeder andere. Auf der Veranda des Hotels Mount Lavinia im Süden von Colombo dösen einige Gäste vor sich hin. Sie schlürfen Gin Tonic oder heißen Tee mit Milch und schauen aufs Meer. Lautlos huschen die Kellner zwischen den Sitzgruppen und der Bar oder der Küche hin und her. Sie lächeln sanft und wissend, wenn sie die Order aufnehmen, und sie lächeln ebenso, wenn sie das Gewünschte servieren, etwa dem Gentleman im Khaki-Anzug seinen Gin Tonic und der Dame mit dem großen weißen Hut ihren englischen Sandkuchen, »very dry, Madame, of course …« Drei oder vier Ventilatoren drehen sich über ihren Köpfen, träge und wirkungslos. Manchmal erinnert ein Hupen oder ein anderes lautes Geräusch an die Welt da draußen, an den Lärm und den Gestank der heißen Stadt.

*

Wie damals, als die Erste-Klasse-Passagiere der Dampfer auf dem Wege nach Fernost hier für drei, vier Tage Station machten, liefern die Krähen die eher unharmonische Begleitmusik, und auch die Geckos, die kleinen, völlig harmlosen Eidechsen, laufen nach wie vor die Wände hoch und fangen Fliegen. Die dunklen Flure im Altbau wirken wie Tunnel, die in die Vergangenheit führen. Auf der Veranda, über die jetzt eine Brise vom Meer her in den Garten weht, wird liebevoll zum Dinner gedeckt, so wie es in vielen alten Reisebüchern beschrieben ist. Und doch ist so ein Nachmittag inzwischen auch ein Abschied vom Gestern. Die Rattansessel sind längst gegen Plastikstühle ausgetauscht; die neuen Möbel lassen sich besser stapeln, sagt – völlig zu Recht – ein junger Kellner, der flink und polyglott bedient. Er kennt die Adressen der neuen Szenecafés an der Duplication Road; am Wochenende gönnt auch er sich dort gern mal eine Auszeit. Die alten *servants* hingegen erzählen noch gern allen, die es hören wollen oder sich aus eigener Erfahrung erinnern, von den großen Namen und der guten alten Zeit, zum Beispiel aus den fünfziger Jahren, als die »Brücke am Kwai« auf dieser Insel gedreht wurde. Ein William Holden und ein Alec Guiness haben den Sundowner auf dieser legendären Terrasse genommen. Das Mount Lavinia spielte wie diese beiden Hollywood-Helden im Film »Die Brücke am Kwai« eine Hauptrolle.

*

Der Himmel hinter den Palmen ist jetzt, kurz vor Sonnenuntergang, so unwirklich weit und blau wie an jedem Nachmittag. Am Horizont schließt eine Kette gelber und gleich darauf rötlicher Wolken die Kulisse. Im Garten lärmen immer noch die Krähen, und endlich, gegen halb sechs, wirbelt ein frischer Wind die Palmwedel hoch. Die Teestunde ist beendet, sie war so ereignislos und so unvergesslich wie immer.

Danke

Für wertvolle Tipps und Anregungen bedankt sich der Autor bei Inga Bethke-Brenken (Hamburg), Dr. Volker Bethke (Kandy) und Silvia Leibacher (München). Und bei seiner Frau für die Geduld auf den gemeinsamen Reisen durch Sri Lanka sowie während der Schreibklausuren in Hamburg.